메타버스 교회학교

메타버스
교회학교

김현철, 조민철 지음

Metaverse Church School
Metaverse Church School
Metaverse Church School

꿈이있는미래

시대를 앞서 나가는 김현철 목사님과 조민철 목사님의 책 『메타버스 교회학교』는 우리에게 지적인 통찰과 따뜻한 감동, 미래에 대한 희망을 전해 줍니다. 코로나19가 오기 전에도 한국의 교회학교는 위기였고, 코로나19로 말미암아 더 큰 위기에 직면했습니다. 그러나 위기 가운데서 기회를 찾는 사람이 바로 하나님의 꿈을 꾸는 사람입니다. 코로나19와 4차 산업혁명이 맞물리면서 온라인 사회로의 전환이 가속화되었고, 이 책에서 이야기하는 대로 팬데믹-메타버스 시대가 열렸습니다. 이 책은 변화의 시대에 교회학교가 나아가야 할 새로운 방향을 제시합니다. 시대적 상황에 맞는 창의적인 프로그램과 구체적인 노하우를 제시하면서 기회를 제공합니다. 특히 마지막 장에 나오는 "메타버스 교회학교의 40가지 실천 매뉴얼"을 교회학교 현장에 적용한다면 한국의 교회학교는 분명 새로운 희망을 바라보며 달려갈 수 있을 것이라 확신합니다. 저자는 말합니다. "이제는 메타버스 타고 교회학교에 간다!" 이 문구를 읽으면서 저의 심장이 뜁니다. 새로운 시대의 상황에 맞는 도구들을 잘 활용하고 아이들의 눈높이를 잘 맞추어 교회학교를 살리고 세우는 데 최선을 다합시다! 예수 그리스도의 뜨거운 복음을 이 시대 가운데 아이들에게 잘 전합시다! 한국 교회의 교회교육에 관심 있는 모든 분에게 추천합니다.

_ **김성중 교수**(장로회신학대학교, 기독교교육리더십연구소 소장)

메타버스는 관심 없는 사람에게는 없는 세상입니다. 아마도 메타버스라는 단어를 처음 듣는 사람도 있을 것입니다. 하지만 관심을 가지고 뉴스와 언론, 기사를 읽어 보십시오. 하루에도 몇 번씩 메타버스라는 단어를 만날 것입니다. 세상은 빠르게 변할 뿐만 아니라 또 다른 세상을 만들어 냈습니다. 이제 다음세대는 메타버스 안에서 공부하고, 교제하고, 게임하며, 창직(創職)을 통해 생산 활동을 할 것입니다. 그렇다면 이제 메타버스 안에서 복음을 선포해야 합니다. 팬데믹과 함께 교회학교는 이미 온라인 세상으로 옮겨 왔습니다. 이러한 때에 김현철 목사님과 조민철 목사님의 책을 만나게 되어 감사합니다. 팬데믹 시대에 대안적 기독교교육을 실천하는 교육 기관인 꿈이있는미래에서 이 책을 출간하는 것은 가장 확실한 대안이 될 것입니다. 다음세대를 사랑하는 분이라면 이 책의 필독을 권합니다.

_ **주경훈 목사**(사단법인 꿈이있는미래 소장, 『원 포인트 통합교육』 저자)

우리는 전혀 예상하지 못한 현실을 마주하고 있습니다. 가상 세계가 현실로 넘나드는 상황에서 다음세대 사역에 대한 좋은 길라잡이를 두 목사님이 멋지게 해 주셨습니다. 쉽게 읽히지만 이 책에서 만나는 열정은 고스란히 가슴에 와 닿습니다. 팬데믹 시대에 다음세대를 향한 소명을 가진 분에게 필독을 권합니다.

_**강은도 목사**(더푸른교회 담임)

갑작스러운 코로나의 습격은 실로 가공할 만한 치명타였습니다. 하지만 결정타는 아닙니다. 우리는 아직 죽지 않았기 때문입니다. 광야에 길을 내고 사막에 강을 내시는 하나님이 멋지게 새 일을 행하시기 때문입니다. 시공을 초월하여 다가오는 새로운 메타버스 시대를 이 책으로 준비하시기를 추천합니다.

_**곽상학 목사**(다음세움선교회 대표)

많은 교회학교 사역자가 새로운 시대가 시작되었을 때 새롭게 걸어가는 길 위에서 막막하고 두렵다고 토로합니다. 그 길을 앞장서서 걸어간 『메타버스 교회학교』가 있어 그저 감사한 마음입니다. 메타버스 시대에 교회학교의 역할을 깨달으며 그 사명의 길을 걸어가실 모든 분에게 이 책이 전해지길 소망합니다.

_**임우현 목사**(유튜브 "번개탄TV" 대표)

오랫동안 현장에서 사역해 온 저자의 글은 새로운 시대에 많은 연구를 통해 다음세대 사역이 어떻게 반응해야 할지를 세밀하게 짚어 줍니다.

현장에서 고민한 경험이 녹아 있기에 바로 적용이 가능합니다. 깊은 연구와 현장 적용을 통한 구체적 제안이 혼돈 속에서 새로운 시대를 맞이하는 사역자들에게 확신을 줄 것입니다. 절대로 놓칠 수 없는 다음세대 사역에 새로운 지침과 안내서가 되길 바랍니다.

_ 홍민기 목사(라이트하우스무브먼트 대표, 브리지임팩트사역원 이사장)

시대가 바뀌면 교육 방법 역시 바뀌어야 합니다. 이 책은 코로나 이후 시대의 교회학교 운영 방법에 모범을 주는 답안지와 같습니다. 지금 당장 노하우를 찾고 있는 교회들을 위해서 실제적인 방법을 제시했습니다. 저자가 이미 임상 실험을 끝낸 방법이기 때문에 안심해도 좋습니다. 대형 교회나 작은 교회 할 것이 없이 적용이 가능합니다. 이 책을 통해서 새로운 시대, 새로운 교회교육의 패러다임, 메타버스 교회학교의 모습을 구현할 수 있을 것입니다.

_ 이정현 목사(청암교회 담임, 개신대학원대학교 기독교교육학과 교수)

코로나 시대를 맞아 많은 사람이 방향성과 대안에 대해 말했지만 실제로 좋은 모델을 보여 주지는 못했습니다. 그런데 이 책은 메타버스 시대의 온라인과 오프라인 교회교육의 확실한 방향성과 대안을 제시합니다. 교회 지도자라면, 선생님이라면, 학부모라면, 이 책을 읽으며 같이 고민해야 합니다. 너무 늦어 메타버스를 놓치고 후회와 반성을 하지 않기를 바랍니다.

_ 김영한 목사(품는교회 담임, Next세대Ministry 대표)

현재 일어나고 있는 기술 혁명은 기성세대가 다 이해하기에는 한계가 있습니다. 변화를 위해 몸부림하고 노력하는 저자가 핵심적인 변화를 이해하고 대처할 수 있는 실제적인 대안을 이 책에서 제시합니다. 아마도 생소한 단어들이 넘쳐날 것입니다. 그러나 이 책을 손에 잡았다는 것만으로도 당신이 다음세대를 위한 노력을 쉬지 않는 사람이라는 증거입니다. 주일학교 사역자들과 교사들이 늘 곁에 두어야 하는 책이라고 확신하며 기쁨으로 추천합니다.

_**윤은성 목사**(어깨동무학교 교장, ARCC연구소 대표)

『메타버스 교회학교』는 생소한 메타버스의 개념을 쉽고 친근하게 설명하고, 어렵게 느껴질 수 있는 가상 공간의 사역을 이미 현장에서 증명된 내용들로 안내해 주는 친구 같은 지침서입니다. 메타버스의 핵심을 짚고, 발 빠르게 사역에 적용할 실질적인 팁이 가득합니다. 모든 교회와 사역자들이 이 책을 읽고, 새로운 사역을 시도하길 소망합니다. 미래 사역을 현재 사역으로 만들어 준 『메타버스 교회학교』를 강력히 추천합니다.

_**케빈 리 목사**(미국 새들백교회 온라인 사역 담당, 『온라인 사역을 부탁해』 저자)

지난 수십 년간 청소년들과 어린이들의 신앙 교육을 위해 애쓰고 힘써 온 두 저자가 세대가 바뀌고 시대가 바뀌고 있는 지금, 우리 자녀들이 누리고 있는 세상(메타버스)을 소개합니다. 이 책은 새로운 세상을 앞에 둔 시점에 '신앙 전수를 위해 무엇을 할 수 있을까?'를 고민하는 이들에게 좋은 길라잡이가 될 것입니다.

_ 김한수 목사(한국NCD교회개발원 대표)

이 책은 빛의 속도로 급변하는 이 시대에 불변의 복음을 계승해야 하는 교회학교가 무엇을 어떻게 해야 하는지를 다루고 있습니다. 단순한 이론서가 아니라 실제 교회 현장에서 다양한 프로그램을 시도하고 얻은 효율적 적용의 사례들을 생생하게 보여 줍니다. 저자는 다음세대의 언어로 깊이 소통하며 그들의 영혼을 강력하게 터치하고 있습니다. 저는 그것이 사랑이라고 믿습니다. 이 책이 바로 그 사랑의 열매입니다. 다음세대로의 위대한 신앙 계승을 꿈꾸는 모든 분에게 마음을 다해 기쁨으로 추천합니다.

_ 안민 교수(고신대학교 총장)

코로나19로 인해 우리는 순식간에 새로운 세상을 만났고, 어떻게 이 새로운 시대에 적응해야 하는지 깊이 고민하고 있습니다. 코로나19는 온 인류를 혼란스럽게 하고 있지만 가장 큰 충격을 받은 것은 교회학교와 다음세대 사역입니다. 이런 혼란의 시기를 거치면서 다음세대 사역의 대안을 가장 치열하게 고민해 온 필자가 드디어 그 결과를 세상에 내놓았습니다. 이 책의 첫 장을 넘기며 새로운 시대의 멋진 경험에 동참하시길 바랍니다.

_ 전경호 목사(다음세대코칭센터 대표)

| 차 | 례 |

추천사 • 4
서문 • 16
이 책이 필요한 사람들 • 24
감사와 축복 • 26

PART 1

메타버스 시대의 교회학교

1. 메타버스란 무엇인가? • 31

메타버스의 일상
'메타버스'는 무엇인가?
메타버스 시대로의 변화
메타버스의 새로운 이해

2. 메타버스 교회학교란 무엇인가? • 39

메타버스 교회교육이란 무엇인가?
다음세대 선교는 선교지의 언어로
언제나 해답이 먼저 있었다
구텐베르크 인쇄술의 두 얼굴
교회와 교회학교의 가치를 증명할 기회
메타버스 교회학교는 어디까지 갈 수 있나?

3. 메타버스 타고 교회학교로 간다 • 48

"주일 밤이 달라졌어요!"
복음은 새로운 시대를 열어 간다
메타버스 교회학교는 우리의 사명이다

PART 2

메타버스 교회학교의 실제와 Q & A

1. 메타버스 주일학교 • 55

줌일학교(유초등부 정기 모임)
점퍼 모임(중고등부 정기 모임)
질문 1. 코로나19만 끝나면 이전 상황으로 돌아갈 수 있을까?
질문 2. 코로나19가 끝나기 전에는 할 수 있는 게 없을까?

2. 큐티 방과 메타버스 수련회 • 70

큐티 단톡방(주일학교)
JB 수련회(중고등부)
메타버스 교회학교는 임시방편인가, 새로운 패러다임인가?
질문 3. 대형 교회, 전문가, 최첨단 장비는 필수 조건인가?

3. 메타버스 성경학교 • 83

메타버스 여름성경학교(유초등부)
All Things New 집회(중고등부)
질문 4. 메타버스 교회학교는 예배만 송출하면 되는가?
질문 5. 온라인 사역과 오프라인 사역은 선택형인가?

4. 메타버스 교회학교의 확장 프로그램 • 101

방 탈출 게임(유초등부)
메타버스 개학 부흥회(중고등부)
메타버스 성지 순례
질문 6. 메타버스 교회학교 사역은 어디까지 가능한가?
질문 7. 메타버스 사역은 미래 세대만의 전유물인가?
질문 8. 메타버스 교회교육은 은혜가 되는가?

PART 3

메타버스 교회학교의 장점과 보완점

1. 메타버스 교회학교의 유익은 무엇인가? • 123

교회와 학생들의 연결고리를 확인한다
교회의 가치와 불멸성, 작동성을 일깨운다
휴먼 터치를 가능하게 한다
가정이 교회가 된다
신앙의 일상화가 이루어진다
시간과 공간의 한계를 넘는다
참석하지 못한 아이들이 영상에 다시 접속할 수 있다
학생들은 이미 메타버스 문화에 익숙하다
학생들이 능동적으로 참여한다
교육의 다양한 활용이 가능하다

2. 메타버스 교회학교의 보완점은 무엇인가? • 143

집중력이 떨어진다
'티키타카' 맛이 안 난다
쉬어 갈 수 없다
지속적으로 새 콘텐츠를 개발해야 한다
메타버스 교회학교(디지털/온라인 예배)의 위험 요소

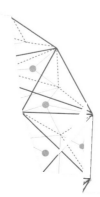

PART 4

메타버스 교회학교의 40가지 실전 매뉴얼

1. 디지털 세계관을 구축하라 • 157

1) 거인의 어깨 위에 서서 보라
2) 온라인 활용의 노하우를 지속적으로 배우라
3) 다큐가 아니라 예능이다(예능 프로그램의 기법을 도입하라)

2. 문해력을 개발하라 • 165

4) 문해력을 키우라
5) 디지털 홍보 방식을 활용하라
6) 디지털 소통 방식을 활용하라

3. 창의력을 개발하라 • 175

7) 지난주와는 달라야 한다
8) 창조는 결합이다(에디톨로지)
9) 주제와 소제목을 라임으로 연결하라

4. 열정이 있으면 길이 보인다 • 187

10) 일단, 시작하라
11) 유치하게 진행하라
12) 새로운 포맷을 과감하게 시도하라
13) 계속하라(그릿)

5. 시선을 확보하라 • 201

14) 복장에 콘셉트를 부여하라
15) 기선을 제압하라(도입 3분 안에 장악하라)
16) 눈을 맞추라(시선이 끊기면 안 된다)
17) 시각 자료를 충분히 확보하라

6. 균형을 잡아라 • 210

18) '구름'을 잡아야 한다(구조+흐름)
19) 전체 주제에 맞는 아이스 브레이킹을 하라
20) 아름다움이 이긴다(과장된 표현을 절제하라)
21) 절제하는 '관종'이 되어라(선정적인 표현을 조심하라)
22) '공포 소구'를 조심하라

7. 재미있게 하라 • 220

23) 청중을 분석하라
24) 재미의 본질을 이해하라
25) 망가져야 한다
26) 학생들이 참여할 공간을 주라
27) 실질적인 상을 받도록 하라(편의점 상품권을 준비하라)
28) 시대정신을 온전히 이해하라

8. 협력하라 • 235

29) 교회 구성원과 협력하라
30) 교사들과 전적으로 협력하라
31) 온 식구가 적극 협력하라
32) 크루를 만들라
33) 다른 교회와 공유하라

9. 온택트(Ontact)는 온(On)이어야 한다 • 251

34) 학생들의 관심사와 늘 연결되어 있으라
35) 즉각 응답하라(학생들과의 연결은 즉각적이어야 한다)
36) 정보(Information)가 아닌 영향(Impact)를 주어라

10. 지속적으로 업그레이드 하라 • 258

　37) 낯선 것들과 조우하라
　38) 연습하고 축적하라
　39) 영성을 충만히 채우라(은혜에 깊이 잠겨야 한다)
　40) 삶의 예배자로 살라

메타버스 교회교육 영역별 분류표 • 267

에필로그 • 268

　코로나19의 습격
　교회가 답이다
　한국의 주일학교
　길을 아는 것과 길을 걷는 것은 다르다
　길을 만드는 메타버스 교회학교
　어디에나 계시는 하나님
　메타버스의 하나님, 메타버스 교회학교의 하나님

미주 • 277

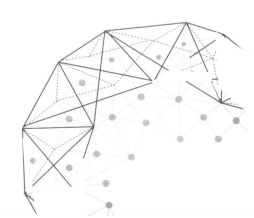

누구나 메타버스를 이미 만났다

-'아이러브스쿨'이나 '세이클럽'을 사용한 적이 있다.

-'싸이월드'에서 도토리로 배경 음악을 사고, 파도를 타고 일촌 신청
  을 한 적이 있다.

-'넷플릭스'로 영화나 드라마를 시청한 적이 있다.

-'스노우'(Snow)나 '소다'(Soda) 앱으로 사진을 찍은 적이 있다.

- 온라인 쇼핑몰에서 물건을 구입한 적이 있다.

- 영화 "매트릭스"(미국, 1999)나 "레디 플레이어 원"(미국, 2018)을 본
  적이 있다.

- 온라인으로 예배를 드린 적이 있다.

- 자녀들의 온라인 수업을 도와준 적이 있다.

- 화상 회의 앱으로 회의나 강의에 참여한 적이 있다.

– 모바일과 인터넷 메신저(카카오톡, 라인 등)를 사용하고 있다.

앞의 항목 중 하나라도 해당하는 사람은 이미 자기도 모르게 '메타버스'를 경험했다. 마치 바닷속 물고기가 바닷물을 인지하지 못해도 바닷속에 있는 것처럼, 메타버스를 알지 못해도 이미 그 속에서 살아가고 있는 것이다. 메타버스는 1992년에 미국의 소설가 닐 스티븐슨이 그의 소설 『스노 크래쉬』(북스캔, 2008)에서 처음 사용한 단어로, '가상 세계'를 지칭한다. 이것이 오늘날에는 '웹과 인터넷 등의 가상 세계가 현실 세계에 흡수된 형태'라고 TTA정보통신용어사전에서 설명하고 있다. 이는 직접 만나지 않고 온라인을 통해 모든 업무를 진행하는 생태계를 의미한다.

느닷없는 코로나 팬데믹으로 인해 사회의 모든 시스템이 비대면 사회로 급속히 전환되었다. 현장에서 대면으로 하던 모든 일상이 온라인으로 대체된 것이다. 학교 교실에서 진행하던 수업이 온라인 수업으로, 회사에 출근해서 일하던 것이 재택근무로 전환되었다. 이러한 상황이 처음에는 어색하고 낯설었지만, 도리어 효율성이 높다는 결과도 나왔다. 2021년에 개봉해 코로나 상황에서도 흥행에 성공한 미국 애니메이션 영화 "소울"은 재택근무 상황에서 제작되어 많은 이에게 놀라움을 안겨 주었다. 이런 시대의 변화를 연구하고 저술한 김상균 교수의 『메타버스』(플랜비디자인, 2020)가 출간과 동시에 6주간 베스트셀러 1위를 질주하면서, '메타버스'라는 용어가 점차 알려졌다. 김상균 교수는 이러한 변화를 단지 코로나 시대의 일시적인 현상이 아니라, 우리의 일상생활과 경제, 문화 등 사회 전반에 걸쳐 확산될 것으로 확신한다.[1] 이와 같은 주장은 사회 곳곳에서 생생하게 증명되고 있다.

메타버스는 선택이 아닌 필수다

코로나 팬데믹으로 많은 기업이 위기를 맞고 경제 활동이 위축되었지만, '메타버스'를 적절히 활용한 기업과 업체는 도리어 놀라운 호황을 누리고 있다. 이처럼 메타버스를 활용한 시스템은 선택이 아닌 필수가 되어 가고 있다. 대기업에서는 막대한 비용을 투자하며 본격적인 메타버스 시대를 대비하고 있다. 중소기업과 소상공인, 전통시장에서도 메타버스 시대에 뒤처지지 않도록 필사적인 변화를 도모하고 있다.

이러한 흐름은 교회에도 급속히 들어오고 있다. 코로나 팬데믹으로 인해 예배를 현장에서 드리지 못하고, 교회학교와 수련회가 멈추었다. 이러한 상황에서 코로나19가 끝나고 이전으로 돌아가기만을 기다리는 교회와 교회학교는 갈수록 힘든 상황을 맞는다. 하지만 시대의 변화를 수용하고 효과적인 변화를 시도하는 교회는 오히려 활력이 넘치고 새롭게 성장하며 성숙해 간다.

이제는 메타버스를 타고 교회학교에 간다

장면 1.
"얼른 교회 가야지!?"
"교회 버스가 지금 집 앞에 왔단다."
"성경 챙겼어?"
"헌금은 챙겼고?"
"요절! 암송 요절은 외웠니?"

한바탕 치열한 전쟁을 치러야 아이는 겨우 교회 버스를 타러 문을 나선다. 아이들은 잠이 덜 깬 채로 교회 버스를 타지만 이내 스마트폰에 집중한다. 주일학교 예배를 드릴 때도 찬양 시간에 몸은 반응하지 않는다. 설교가 무슨 말인지도 모르겠고, 공과 시간에는 늘 하던 대로 웅크린 채 시간을 보내다가 간식을 받아 다시 집으로 가는 교회 버스에 몸을 싣는다.

장면 2.

이불 안에서 뒤척이던 아이는 옷을 갈아입고 성경과 찬송을 들고 TV 앞에 앉는다. 만화와 게임이 흘러나오던 모니터에서 율동 선생님이 율동을 하신다. 교회당에서는 넥타이를 매고 설교하시던 담당 전도사님이 캐릭터 옷을 입고 방긋 웃으며 요절 말씀으로 랩을 하신다. 요즘 인기 있는 게임 이야기를 하시다가 이를 성경 구절과 연결해 설교하신다. 지루하던 선생님들이 각기 캐릭터 복장으로 화면에 출연해 서로 축복하자고 한다. 자기 이름이 불린 아이는 싱글벙글하며 축복송을 부른다. '바보 상자'라던 TV는 이제 '은혜 상자'가 된다. 그리고 오후에 담당 전도사님과 담임 선생님이 '생존 심방'으로 간식을 가득 담은 상자를 전해 주시니, 아이는 천국의 기쁨을 누리게 된다.

이전에는 교회 버스를 타고 주일학교에 갔지만 지금은 온라인으로 소통되는 메타버스로 교회학교에 간다.

언제나 방문이 닫혀 있고 아이돌 노래만 크게 흘러나오던 방안에서 찬양이 흘러나오고, 아이가 그 찬양을 따라 부른다. 잠시 후에 까르르 웃는 소리가 들리더니, 이내 흐느끼는 소리가 들린다. 온라인 수련회에서 강사가 진행하는 오프닝에 반응하고, 온라인 기도회에서 회개했다고 한다.

갑자기 아이가 방 안에서 뛰쳐나오면서 외친다. "상품권에 당첨되었어요!" 광고 시간에 무작위로 편의점 상품권을 증정했는데 자기가 제일 먼저 당첨되었다는 것이다. 아이가 환하게 웃으며 말한다. "수련회가 재밌어요!"

그날 밤에는 아이가 온라인 수련회에서 받은 쿠폰으로 한턱낸다면서 치킨을 주문해 온 가족이 잔치를 벌인다. 이전에는 교회 버스를 타고 수련회 캠프장에 갔지만, 지금은 온라인 메타버스로 은혜로운 집회를 한다.

디지털 바벨론에서의 그리스도인

코로나 팬데믹으로 인해 시대는 급속히 메타버스의 흐름을 타고 있다. 자본과 인력이 메타버스로 이동하고 있다. 구한말에 세계적으로 격변하는 새로운 질서가 일어날 때, 조선은 문호를 걸어 잠갔다. 이로 인해 20세기의 대한민국은 큰 비극을 겪었고, 그 후유증은 현재진행형이다. 이전의 그 어떤 변화와도 비교 못할 거대한 전환기에 이른 지금, 교회의 대처 방안은 무엇인가?

시대 변화에 따라서 문화 형태는 얼마든지 달라진다. 디지털 문화가 빛의 속도로 발달하는 상황에서 교회교육이 이러한 변화를 잘 선용하면 놀라운 열매를 얻을 수 있다.

데이비드 키네먼과 마크 매틀록은 『디지털 바벨론 시대의 그리스도인』(생명의말씀사, 2020)에서 현시대의 상황에 묵직한 질문을 던진다. "오늘날 그리스도인들은 과거 바벨론에 살던 유대 포로들처럼 디지털 바벨론 문화 속에 살면서 수많은 고민과 갈등을 안고 살아가고 있다. 이런 바

벨론 문화 속에서 그리스도인들은 어떻게 살아갈까?"²

잠에서 깨어나는 순간부터 잠들기까지 디지털 문화의 공기를 마시면서 살아가는 현대인들은 바벨론의 아성과도 같은 디지털 사회에서 어떻게 살아야 하는가? 이런 상황에서 그리스도인들은 어떻게 살아가야 하는가? 특별히 다음세대는 무엇을 준비하고 훈련해야 하는가? 이러한 질문에 우리는 분명하고도 선명한 해답을 찾아야 하며, 그 해답을 실행에 옮겨야 한다.

다니엘과 세 친구가 살아야 했던 곳은 어린 시절에 교육받았던 유대 사회와는 모든 게 다른 바벨론이었다. 다니엘은 청소년기에 자기의 나라를 망하게 한 정복자의 나라에 전쟁 포로로 끌려왔다. 다니엘과 세 친구는 정복자들의 언어와 문화, 철학과 지식을 배워야 했다. 그들은 바벨론의 왕족과 다른 식민지 나라의 엘리트들과 경쟁해야 했다. 다니엘과 세 친구는 바벨론의 문화 속에서 살아가지만, 그들의 문화에 물들지 않았다.

"다니엘은 뜻을 정하여 왕의 음식과 그가 마시는 포도주로 자기를 더럽히지 아니하리라 하고 자기를 더럽히지 아니하도록 환관장에게 구하니"(단 1:8).

모든 부분에서 다니엘과 친구들은 불리했다. 그럼에도 다니엘과 친구들은 주변 경쟁자들을 압도했다. 이것은 자기를 거룩하게 지키는 다니엘과 친구들에게 주시는 하나님의 특별한 선물이었다.

"왕이 그들에게 모든 일을 묻는 중에 그 지혜와 총명이 온 나라 박수와

술객보다 십 배나 나은 줄을 아니라"(단 1:20).

다니엘은 왕조가 세 번이나 바뀌고 황제가 네 번 교체되는 상황에서도 누구도 따라오지 못하는 지위를 누렸다. 다니엘 같은 인물을 찾을 수 없었기 때문이다. 다니엘과 세 친구는 바벨론의 모든 문명과 문화를 거부하고 고독한 사막에서 살지 않았다. 그들은 문명의 중심을 자처하는 바벨론의 한가운데서 살았다. 그들은 바벨론 스타일의 옷을 입고, 바벨론의 메데 바사의 방식으로 살아가지만, 철저한 이방 신 중심으로 살아가는 바벨론에서 믿음으로 승리했다. 바로 이러한 자세가 '급속하게 발달하는 세속 문화 속에서 어떻게 복음으로 살아가며, 이를 활용해 복음을 전할 것인가?'라는 질문에 해답이 된다.

응답하라, 메타버스 교회교육의 질문들

이 책은 이런 시대적 요청으로 준비되었다. '빛의 속도로 급변하는 이 시대에 불변의 복음을 가진 교회와 교회학교는 무엇을 어떻게 해야 할 것인가'에 대한 답을 함께 나누려고 한다.

이 책은 메타버스 교회학교에 대한 다양한 질문에 답변한다. 사람들은 메타버스 세계에 이미 익숙해져 있지만 메타버스에 대해서는 잘 알지 못한다. 혹은 부분적으로만 안다. 이 책은 메타버스에 대한 기본적인 개념을 알려 주며, 메타버스를 교회교육에 더욱 효율적으로 적용하도록 돕는다.

이 책은 단지 책상 위에서만 이야기하는 이론을 나열한 책이 아니다. 현재의 상황과 미래를 다룬 수많은 책과 강연을 기초로 하여 실제 교회 현장에서 일어난 사례를 보고하며, 다양한 프로그램을 교회교육 현장에서 시도하고 진행하며 얻은 결과물을 담고 있다.

물론 책에서 제시하는 대안들이 완벽한 모범 답안은 아니다. 각 지역의 상황과 각 교회의 환경은 완전히 다르다. 단지 이 한 권의 책이 새로운 변화의 상황에 적용할 수 있는 샘플이 되면 좋겠다. 또한 다양한 시도와 적용을 통해 더욱 좋은 방안이 많이 소개되고 알려지기를 간절히 바란다.

하나님은 오프라인과 아날로그 세계에서만 통치하시는 분이 아니다. 온라인을 대표하는 디지털 세계는 앞서가는 기업가들과 과학자들만의 영역이 아니다. 디지털 지구인 온라인 세계도 하나님의 통치 영역에 당연히 해당한다. 온라인의 중요성이 강조된다고 해서 오프라인 영역이 간과되어서는 안 된다. 메타버스는 온라인의 신속함과 오프라인의 생생한 교제를 균형 있게 결합해야 한다. 하나님이 아담에게 주신 문화명령은 오프라인 세계뿐만 아니라 온라인 세계에서도 적용되어야 한다. 그러한 거룩한 사역에 이 책이 도움이 되기를 간절히 바란다.

●

| 이 책이 필요한 사람들 |

이 책은 다음 분들에게 유익하리라 생각한다.

▶ 담임 목회자
코로나 시대와 코로나 이후의 메타버스 시대에 적합한 새로운 목회 전략을 수립한다.

▶ 교육 담당자
성경학교와 수련회뿐만 아니라, 모든 교육 시스템을 메타버스 상황에 맞게 새로운 관점으로 기획하고 준비, 운영하도록 한다.

▶ 주일학교 교사, 일반 교사
메타버스 시대를 살고 있는 학생들을 이해하며 새로운 시대 변화가 제공하는 적절한 도구를 효율적으로 활용해 복음을 더욱 생생하고 강력하게 전달한다.

▶ 학부모

새로운 메타버스 시대가 가져올 변화를 인지하며, 이러한 변화에 살아가는 자녀들과 공감대를 형성하도록 돕는다. 메타버스 교회학교의 핵심인 가정에서 신앙 교육의 주체자로서 자녀들의 진로 지도와 신앙 교육의 방향을 잡는다.

▶ 성도

새로운 메타버스 시대의 변화를 읽는 문해력을 키워 새로운 시대에 적응하는 것을 넘어 시대를 선도한다.

●

|감사와 축복|

한 권의 책은 혼자만의 수고와 노력으로 만들어지는 것이 아니다. 팬데믹의 폭풍 속에서도 함께 교회 공동체를 이루어 주신 행복나눔교회 성도님들과 메타버스 교회학교를 세워 가도록 함께 수고해 주시는 행복나눔교회 장로님들, 그리고 김성준, 이성수, 조민철 목사님, 김현태 간사님에게 특별한 감사를 드린다.

느닷없는 코로나 상황으로 인해 교회당 건물은 닫혔지만, 복음을 전수하는 것은 지속되어야 한다는 생각으로 다양한 사역을 시도했다. 그 과정에서 새로운 해법과 대안을 함께 고민하고 개발하고 진행해 온 조민철 목사님에게 특별한 감사를 드린다. 조민철 목사님과 함께 만들어 온 그동안의 과정들이 이 책의 기둥이 되었음은 아무리 강조해도 지나치지 않는다.

늘 위로와 격려를 해 주시는 곽상학 목사님과 함께 같은 길을 가도록 힘과 격려를 아끼지 않는 제주경 목사님, 정도환 목사님에게 감사드린다. 수많은 영감을 깨워 주시는 코스타의 유임근 목사님과 스태프들에게 감사드리며, 늘 기도와 섬김을 아끼지 않으시는 박신명 장로님과 정성득 집사님에게도 깊은 감사를 드린다.

특히 나의 서투른 생각과 아직 다듬어지지 않는 메타버스 교회학교 시스템을 책으로 만들어 주신 도서출판 꿈미의 김은호 목사님과 주경훈 목사님에게 진심으로 감사를 드린다.

이 땅에 생명으로 태어나 한 사람의 사역자가 되도록 양육해 주시고 기도해 주시는 부모님에게 감사드리며, 늘 기도와 응원을 해 주는 아내 김양수 사모에게 특별한 감사를 드린다. 또한, 눈에 넣어도 안 아플 손녀 아진이가 메타버스 교회학교에서 그 믿음이 자라고 세워지기를 간절히 바라며 아들 보배와 혜인에게도 축복한다.

이 모든 일을 가능하게 하신 주님께 모든 영광을 돌린다.

찬미 예수!

김현철 목사

PART 1

메타버스 시대의
교회학교

Metaverse Church School

1. 메타버스란 무엇인가?

메타버스의 일상

교회 옥상에 장미 정원을 조성하려고 울타리를 설치했다. 장미 묘목이 더 필요해서 교회 부근 화훼 농원을 찾아가니 묘목 한 주당 3만 원인데, 그것도 구하기가 쉽지 않다고 했다. 묘목이 들어오면 연락을 달라고 한 뒤 인터넷을 검색하니, 옥천의 한 농원에서 장미 묘목을 한 주에 5,000원에 판매하고 있었다. 여섯 주의 묘목을 주문하고 3일 후에 택배로 받았다. 옥천의 장미 농원 운

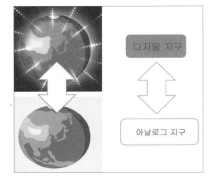

영자와는 한 번도 만난 적이 없고, 그곳을 방문한 적도 없지만, 온라인으로 검색해서 주문과 결재가 이루어졌다. 그 덕분에 비용과 농원까지 오고가는 시간을 절약했다. 이러한 상황이 메타버스 세계의 한 부분을 보여 준다.

'메타버스'는 무엇인가?

메타버스라는 용어를 김상균 교수는 이렇게 설명한다. "메타버스(Metaverse)는 가상과 초월의 의미를 가진 단어 'meta'와 세계와 우주를 의미하는 'universe'의 합성어다. 스마트폰과 컴퓨터, 인터넷 등 디지털 미디어에 담긴 새로운 세상, 디지털화된 지구를 '메타버스'라고 부른다. 페이스북이나 인스타그램 등 SNS에 일상을 올리는 것, 온라인 게임을 즐기는 것이 메타버스 속에서 살아가는 것을 의미한다."[3]

메타버스는 가상현실과 증강현실, 라이프로깅, 거울세계의 네 영역으로 나눌 수 있다.

가상현실

2018년도에 나온 영화 "레디 플레이어 원"은 메타버스의 가상현실을 선명하게 알려 준다. 이 영화의 시대적 배경은 2045년, 고단한 삶을 사는 고아 소년 웨이디는 가상 세계에 접속하면 멋진 전사로 변신해 대활약을 펼친다. 그가 접속한 가상 세계 '오아시스'는 접속자가 상상하는 모든 것을 구현해 주는 꿈의 공간이다. 배트맨과 함께 히말라야를 등반하고, 엄청난 높이의 파도에서 서핑을 즐길 수 있다. 또한 치열한 전쟁터에서 승부를 펼치기도 한다. 이러한 가상현실 속에서 얻은 사이버 머니는 현실에서도 사용할 수 있다. 온라인에 접속해야만 경험할 수 있는 가상현실 공간과 실제 살아가는 현실이 연결되는 상황을 이 영화가 보여 준다.

2020년 2월부터 코로나 팬데믹이 확산되면서 평범한 일상이 중단되었다. 성악가 안드레아 보첼리, 피아니스트 조성진, 첼리스트 스테판 하우저는 온라인 무료 공연을 열어 지친 사람들을 위로했다. 해외 공연을 할 수 없게 된 아이돌 그룹 방탄소년단도 랜선으로 전 세계의 '아미'⁴를 만나는 콘서트를 열었다. 이른바 '방방콘'⁵으로 불리는 이 콘서트는 단발성 공연에 75만 명이 몰리는 성황을 이루고 250억 원의 매출을 올렸다. 2021년에 다시 열린 '방방콘'에는 무려 210만 명이 동시에 접속했다. 오프라인 공연장에서는 공연자를 아주 먼 거리에서 희미하게 보아야 했지만, 온라인 공연장에서는 바로 눈앞에서 보았다. 게다가 자기가 특별히 좋아하는 가수만 지정해서 볼 수 있어서 만족도가 더 높았다. 공연하는 가수들도 오프라인 현장에서는 관중을 무리로 보았지만, 온라인 공연장에서는 팬들의 생생한 표정을 모니터로 확인하며 깊이 교감했다.

이러한 가상현실은 코로나 확산으로 인해 우리 현실에 깊이 들어왔다. 학생들은 학교에 등교해서 교실에서 수업하는 대신 가정에서 온라인으로 수업을 받았다. 교회도 예외가 아니어서 현장 예배는 온라인 예배로 대체되고 주일학교 교육도 온라인으로 진행했다. 다음세대를 위한 영성 훈련도 온라인으로 대체되었다.

증강현실

2018년도에 방영된 TV 드라마 "알함브라 궁전의 추억"은 메타버스의 증강현실을 현실감 있게 보여 주었다. 게임회사 대표인 남자 주인공(현빈

분)은 현실을 배경으로 한 게임을 개발했다. 특수 스마트 렌즈를 착용하면 현실에 게임 캐릭터가 등장해서 실감나는 가상 전투를 벌인다.

2017년에는 "포켓몬 GO"라는 게임이 폭발적으로 인기를 끌었다. 현실세계에 출몰하는 가상의 포켓몬을 찾아내서 포획하는 이 게임은 증강현실을 경험하게 한다. 자동차 운전자는 정면의 유리창에 비치는 다양한 정보를 이용해 더욱 안전하고 효율적으로 주행한다. 3D 기술을 활용해 박물관이나 동물원에 가지 않고서도 동물과 공룡을 입체적으로 만난다.

방역 기준이 완화되면서 성도들이 교회를 출석할 때마다 수기로 기록하던 방명록을 QR 코드 입력이 대신한다. 평소에 가기 힘들었던 선교지를 실시간으로 찾아갈 수 있으며, 성경 속 장소를 스트리트 뷰로 확인한다. 성지순례도 랜선으로 참여한다. 학생들은 자신의 스마트폰으로 다양한 과제를 수행하는 신앙 교육 프로그램에 참여한다. 이전의 기도회는 교회당에 함께 모여야 하기 때문에 시공간의 제약을 받았다. 그러나 이제는 교회에 방송 부스를 설치하여 기도회를 생중계하거나 스트리밍 서비스를 한다. 시공간의 제한을 넘어서 기도회에 참여할 수 있게 된 것이다.

라이프로깅

각종 SNS에 자신의 다양한 경험과 정보를 기록하고 저장, 공유하는 활동을 '라이프로깅'(Lifelogging)이라고 한다[6]. 라이프로깅은 온라인 공간에서 다양한 사람들이 만나 교제할 수 있게 한다. 비대면 정책 때문에 현실에서는 만나지 못하지만 라이프로깅으로 교제하면서 사람들은 팬데믹 상황을 견디게 하는 최소한의 위로를 얻을 수 있었다. 온라인에 머무는 시간이 길어지면서 라이프로깅으로 새로운 인맥이 형성되어 결혼을 하거나 새로운 사업이 연결되기도 했다.

　온라인에 개인의 삶을 진솔하게 올리면서 많은 사람의 관심을 끌고, 이러한 형식이 트렌드로 자리 잡고 확산되면서 1인 방송의 시대가 열렸다. 남들과 다른 각자의 독특한 개성을 어필하는 방송은 엄청난 수익을 올리면서 새로운 문화로 자리 잡았다.

　코로나 팬데믹으로 성도의 교제가 어려워졌다. 교회는 교회 홈페이지나 네이버의 모임 앱 밴드에 교회 모임을 만들어 가정에서 온라인 예배를 드린 인증 사진들을 올리게 했다. 등록된 사진에 댓글을 다는 식으로 서로 소통하여 직접 만나지 못하는 교제의 아쉬움을 해소했다. 교회 밴드에 매일 새벽 기도회의 설교 녹화, 설교 내용 요약본을 올려 성도들의 영적 흐름이 끊이지 않게 했다. 젊은 세대는 브이로그를 공유하면서 서로를 더욱 깊이 이해했다.

거울세계

　이전의 상업 활동은 직접 대면 방식이었다. 그러나 온라인 문화가 발달하면서 거래가 점차 온라인으로 대체되고 있다. 직접 대면하지 않고 거래하는 것을 '거울세계'라고 한다. 팬데믹 시대에 외출하는 것을 주저하는 사람들이 많아지면서 온라인 쇼핑이 급증했다. 은행을 방문해서 업무를 처리하기보다는 온라인 뱅킹으로 금융 거래를 하는 경향이 갈수록 높아지고 있다. 식당에서도 직원에게 주문하지 않고 무인 정보 단말기로 주문하는 것이 어느새 익숙한 풍경이 되었다. 직장에서도 회식 문화가 점차 사라지고, 생일이나 기념일에는 온라인 상품권으로 선물하는 것이 점차 대세로 자리 잡고 있다.

이전의 청소년 집회에서는 학생들의 참여도를 높이려고 퀴즈를 풀거나 게임을 해서 우승자에게 문화상품권을 주었다. 공과 공부 후에는 내용을 복습하는 게임을 진행해 학생들에게 선물이나 달란트를 주기도 했다. 온라인 집회나 설교 시간에는 질문에 답하는 학생들에게 그 자리에서 바로 편의점 상품권을 보낸다. 문화상품권보다는 훨씬 저렴하지만 더 효과적이다. 온라인 집회 사이에 무작위로 상품권을 보내면 참여자들의 집중도가 더욱 높아진다.

이전에는 학년 초에 새로운 반이 만들어지면 단합회를 열어 친목을 도모했다. 교사의 가정에서 밤을 새우며 친밀감을 증진하기도 하고, 열정적인 사역자들은 학생들의 일상에 들어가고자 학교에 방문해 간식을 주기도 했다. 이런 경우, 사정이 생겨 만날 수 없는 학생들은 소외되고, 많은 시간을 투자해야 했다. 이러한 오프라인 모임을 온라인으로 대체하면, 학생들에게 트렌드를 이해한다는 호감을 심어 줄 수 있다. 시간의 제한을 극복하고, 사정이 생겨서 제외되는 학생들도 꼼꼼하게 챙길 수 있다.

메타버스 사회는 어느새 우리 일상으로 깊숙이 들어오고 있다. 메타버스의 네 영역인 가상현실, 증강현실, 라이프로깅, 거울세계의 특징을 적절히 활용할 때, 교회교육은 이전과는 비교할 수 없을 만큼의 놀라운 효과를 거둘 것이다.

메타버스 시대로의 변화

많은 기업이 아날로그 방식의 산업을 정리하고, 디지털 경영 중심으로 회사 체질을 바꾸려 한다. 은행의 각 대리점은 일반적으로 그 도시에서

임대료가 비싼 중심가의 1층에 자리 잡았다. 그래야 고객을 확보하여 경쟁력에서 우위를 선점할 수 있다고 생각했기 때문이다. 하지만 최근에는 1층의 은행들이 2층으로 이동하고 직원들도 감축한다. 은행 고객이 인터넷 뱅킹이나 폰뱅킹을 많이 이용하면서 매장에 직접 방문하지 않게 되었고, 인공지능을 통해 많은 업무를 대체하면서 일어난 결과다.

이처럼 메타버스는 전 세대를 막론하고 문화와 예술, 교육, 사업에 커다란 영향을 끼치고 있다. 막대한 매출을 올리는 기업도 메타버스 시대에서 살아남기 위해 투자를 아끼지 않는다. 심지어 전통시장에서도 메타버스 시대에 적응하려고 다양한 시도를 한다. 이러한 상황에서 교회가 코로나19로 인한 팬데믹 시기를 버티기만 하는 것으로 대처하면, 결국 도태될 수밖에 없다.

모든 시대를 넘어서는 하나님의 영광을 품은 교회는 결코 소멸되지 않는다. 하지만 예배 방식과 교회 문화는 시대의 변천에 따라 많이 달라졌다. 광야 교회에서의 회막 중심 예배가 솔로몬 시대 이후에는 성전 중심의 예배가 되었다. 바벨론에 의한 예루살렘 멸망 이후에는 회당 중심의 예배로 변화되었다. 초대교회 시대의 가정 교회는 카타콤의 예배로 변화되었으며, 기독교 공인 이후에는 획기적인 예배 형식이 도입되었다. 이처럼 새로운 변화에 맞게 교회와 교회교육은 달라져야 한다.

메타버스의 새로운 이해

메타버스를 가상현실과 증강 현실로 이해하는 것은 '메타'를 '초월'이라는 개념으로 보기 때문이다. 헬라어의 '메타'($\mu\varepsilon\tau\alpha$)는 '함께', '이후에'

라는 뜻을 가진 전치사로 사용된다. 따라서 메타버스는 온라인 영역만을 가리키지 않는다.

눈에 보이면서 존재하는 오프라인의 아날로그 지구와, 눈에 보이지 않으면서 가상으로 존재하는 온라인의 디지털 지구는 서로 유기적이다. 그러므로 진정한 메타버스란 온라인과 오프라인, 아날로그 지구와 디지털 지구가 연결된 개념이다. 온라인으로만 행사를 치르고 만족하는 것은 휘발성이 강하다. 많은 구독자 수를 자랑하는 유튜버가 심각한 물의를 일으키면 그 계정은 순식간에 사라진다. 이것이 디지털 세상의 위험성이다. 그러므로 온라인에 모든 것이 집중된 상황에서 접속이 되지 않으면 디지털 세상은 순식간에 붕괴된다. 실제로 온라인 예배 초창기에는 접속자가 한꺼번에 몰려 접속 장애가 발생하는 낭패를 겪기도 했다.

교회는 그리스도의 몸을 중심으로 하는 공동체다. 그러므로 공동체 안에서의 인격적인 교제는 교회에서 중요한 요소다. 단지 일정 시간에 비슷한 성향의 사람들이 모여 의미 있는 종교 행사를 치르는 것이 교회의 전부가 아니다. 이는 교회교육에서도 마찬가지다. 많은 학생이 접속하고 활기찬 반응을 보이는 온라인 프로그램을 운영하는 것이 교회교육의 목적은 아니다. 인격적으로 만나 교제하는 오프라인 프로그램도 반드시 병행해야 한다. 이러한 균형이 잘 갖추어져야 진정한 그리스도인으로 자라 온전한 교회를 이루어 가게 된다. 그러므로 다음세대가 '온전한 교회가 무엇인가'를 메타버스 교회교육을 통해 체험하도록 도와야 한다.

2. 메타버스 교회학교란 무엇인가?

메타버스 교회교육이란 무엇인가?

메타버스 교회교육은 교회에 갈 수 없는 상황에서 단지 예배 순서를 온라인으로 중계하는 데 그치는 것이 아니다. 메타버스 교회교육은 모든 인프라를 총동원해 다양한 신앙 교육을 시도하고 확장하는 것이다. 메타버스 교회교육은 온라인 프로그램과 대면 프로그램을 겸해 진행하는 것이다. 이로 인해 학생들이 균형 있는 교회관을 형성하고 온전한 교회를 세워 가도록 한다.

250년 전 영국에서 시작된 주일학교 운동은 그 당시의 시대적 필요에 복음이 반응한 결과였다. 주일학교의 가치와 중요성은 아무리 강조해도 지나치지 않지만, 완전히 새로운 사회로 변화해 가는 상황에서는 효과적이고 다양한 교육 방식을 당연히 개발해야 한다.

다음세대 선교는 선교지의 언어로

주전 5세기 철학자 소크라테스는 '텍스트'가 기억력을 퇴보시켜 지적, 도덕적 타락을 초래할까 봐 걱정했다. 앞선 세대의 지식과 경험을 구전으로 전할 때는 기억력과 지식이 중요했다. 하지만 문자가 활성화되고 사람들이 구전을 위한 기억을 책으로 남기면서, 기억력과 지식의 퇴화를 우려한 것이다. 그러한 우려에도 책은 수많은 사람에게 깊은 통찰력을 남기는 역할을 했다.

인터넷을 기반으로 한 디지털 문화가 사람들의 두뇌를 잠식하면 지적, 정서적 퇴보가 일어난다는 다양한 의견이 대두되었지만, 성균관대 기계공학부 최재붕 교수의 표현처럼 포노 사피엔스로 불리는 신세대, 즉 디지털 기기를 자유자재로 다루는 세대는 디지털 기기를 마치 신체의 일부처럼 자유롭게 다룬다.[7] 새로운 세대는 스마트폰을 단지 통화 수단이 아닌, 모든 커뮤니케이션을 감당하는 세계와의 연결 도구로 사용한다.

요즘은 청소년 사역을 '선교 사역'에 견주어 설명한다. 이전 세대와는 문화적 경험이 완전히 다른 세대이기에 '전도'라는 개념이 아니라 '선교'라는 관점에서 접근해야 한다는 것이다. 특히 언택트 상황에서는 선교학적 변혁의 도구로 온라인을 활용해야 한다.[8] 선교에서 소통은 정말 중요한 요소다. 효과적인 소통을 위해서는 선교 대상의 관점에서 보아야 한다. 선교지에서 선교 대상의 언어와 문화, 소통 방식을 따를 때 비로소 선교 사역의 효과를 거두게 된다. 다음세대가 선교의 대상이라면, 그들을 위한 사역에서는 철저히 그들의 의사소통 방식을 우선시해야 한다. 『메타버스 교회학교』는 다음세대의 의사소통 방식을 따르는 효과적인 교육 방식으로 활용될 수 있다.

언제나 해답이 먼저 있었다

사도들이 복음을 전하기 전에, 이미 복음이 전파될 환경은 완벽하게 준비되어 있었다. "모든 길은 로마로 통한다"라는 격언처럼 로마는 반란을 진압하고 세금을 징수하며 상업적 이익을 도모하여 제국을 효율적으로 통치하고자 도로를 만들었다. 로마는 혈통과 문화와 역사가 다른 이질적인 국가들을 무력으로 진압해 덩치를 불린 제국이다. 이질적인 구성원들을 효과적으로 지배하기 위해 로마는 엄격한 법을 제정하고, 헬라어를 공용어로 지정해 제국의 전역에 공표했다.

그렇게 하면서 로마는 제국을 안정적으로 통치했다. 로마는 식민지가 최대한의 자치권을 행사하게 했으며, 이로 인해 제국에는 200년간 평화가 가득했다.

하지만 하나님은 이러한 인프라를 복음을 전파하는 일에 사용하셨다. 군사적, 상업적 목적으로 만든 로마의 도로를 통해 복음은 신속히 제국 전역으로 퍼져 나갔다. 로마의 통치를 원활하게 하며 상업의 편리를 위해 보급한 헬라어로 성경이 기록되어, 로마 전역에 복음이 전파되었다. 로마의 전성기인 '로마의 평화'(팍스 로마나) 기간에 지역 간의 전쟁은 거의 없었기에, 복음을 전하는 일에 큰 위협이 되지 않았다.

인터넷은 처음에는 군사 목적으로 개발되었지만, 상업 용도로 급속히 확산되었다. 초창기에는 비싼 가격과 느린 속도가 문제였지만, 지속적인 발달로 폭발적인 성장을 하게 되었다. 인터넷의 발달을 바탕으로 하는 기업들이 최근에는 막대한 영향을 끼치는 대형 기업으로 성장했다. 세계에서 막강한 부를 자랑하는 기업 순위에서 인터넷을 기반으로 하는 IT 회사가 상당수를 차지한다. 그 회사들은 앞으로 인터넷과 모바일 분야가 사업의 핵심임을 예측하고 투자한 회사였다.

구텐베르크 인쇄술의 두 얼굴

과학 기술이 발달하면서 정보 전달 과정도 달라졌다. 손으로 필사해 책을 만들던 것이 1450년 구텐베르크의 인쇄술에 의해 획기적으로 변했다. 손으로 필사하는 것과는 비교가 안 될 생산성을 가진 구텐베르크 인쇄술은 안타깝게도 면죄부를 대형 인쇄하는 일에 효율적으로 사용되었다. 1513년에 교황이 된 레오 10세는 사치의 대명사였다. 그는 베드로 성당을 화려하게 고치고 사치스러운 생활에 필요한 막대한 자금을 모으기 위해 면죄부 판매에 극성이었다. 이러한 일에 구텐베르크 인쇄술이 대활약을 했다.

그러나 인쇄술은 이처럼 악한 일에만 사용된 것이 아니었다. 구텐베르크는 1452년부터 3년에 걸쳐서 성경을 인쇄했다. 또한 그의 인쇄술은 종교개혁에 결정적인 기여를 했다. 1517년 10월 31일에 마르틴 루터가 95개조 반박문을 발표하면서, 종교개혁이 본격적으로 시작되었다. 마르틴 루터에 앞서 종교개혁을 주창하고 전력을 기울인 개혁자들도 있었다. 영국의 위클리프와 체코의 얀 후스는 전 생애를 걸고 종교개혁에 매진했지만 그들의 수고와 헌신은 미미한 영향에 그치고 말았다. 그들의 주장과 외침이 많은 이에게 제대로 전달되지 못했기 때문이다. 그러나 마르틴 루터가 종교개혁을 본격적으로 외칠 때, 그가 번역한 독일어 성경은 독일 전역에 퍼졌다. 인쇄된 성경을 많은 사람이 읽으면서, "성경으로 돌아가자"는 종교개혁 운동은 큰 힘을 발휘하게 되었다.

또한, 종교개혁의 메시지를 담은 루터의 수많은 저작이 인쇄술을 통해 전 유럽에 신속하게 퍼졌다. 이로 인해 종교개혁은 그 누구도 막아서지 못하는 거대한 물결이 되었다. 이처럼 인쇄술이 비성경적인 면죄부 판매와 종교개혁의 첨병으로 활용된 것은 시사하는 바가 크다. 문명과 기술은 그 자체로는 가치중립적이다. 구텐베르크 인쇄술은, 문명과 기술을 어떻게 사용하는가에 따라서 전혀 다른 결과가 나온다는 가장 분명한 사례다.

> "시대의 과학 기술을 하나님의 영광을 위해 선용하려면 연구와 분별을 통해 하나님의 통치권 안에서 디지털 과학 기술을 활용한 다른 방식의 대면 문화를 개발해 나가야 한다."[9]

> "다니엘아 마지막 때까지 이 말을 간수하고 이 글을 봉함하라 많은 사람이 빨리 왕래하며 지식이 더하리라"(단 12:4).

다니엘을 통해 예언된 말씀은 현시대에 더욱 선명하게 실현되고 있다. 과학 기술이 발달하면서 정보는 기하급수적으로 증가하고 있다. 이메일과 소셜 미디어의 일일 텍스트 산출량은 평균 3조 6,000억 단어이며, 이를 책으로 만들 경우 3,600만 권으로 추산된다. 이는 미국 의회 도서관

의 총 장서 3,500만 권이 매일 늘어남을 의미한다.[10]

비디오테이프로 영상물을 전달하고, CD로 음악을 듣고, DVD로 화질이 선명한 콘텐츠를 즐기고, 가정에서 OTT 서비스를 받는 과학의 지속적인 발달은 가상 공간으로 이어졌다. 그런데 이러한 매체는 대체로 범죄에 먼저 활용되고는 했다.

"이 세대의 아들들이 자기 시대에 있어서는 빛의 아들들보다 더 지혜로움이니라"(눅 16:8).

이 말씀과 같이 출판 기술을 활용해 온갖 불건전한 잡지와 출판물들이 성황을 이루었다. 영상물을 처리하는 기술이 급속도로 발달하면서 가정에서 온갖 불법 영상물들이 범람해 1997년도에는 "빨간 마후라 사건"이 터지기도 했다. 통신 기술의 발달과 함께 이러한 범죄는 더욱 발달해 2020년도에는 "N번 방 사건"의 실체가 드러나기도 했다.

이러한 부정적인 측면과 반대로, 발달된 미디어를 활용해 복음을 증거하고 다음세대를 양육하는 놀라운 기능을 수행하는 사례도 늘어나고 있다. 이전에는 많은 비용을 지불하고 시간을 할애해 세미나를 일회적으로 들어야 했지만, 최근에는 가정에서 간편하게 양질의 강의를 누리는 특별한 시대를 살아가고 있다.

교회와 교회학교의 가치를 증명할 기회

교회는 내부에 문제가 발생하면, 그 문제를 극복하는 과정에서 더욱 강한 공동체가 된다. 예루살렘 교회에 내분이 생기면서 위기를 만났지만, 오히려 교회 조직을 세워 가는 유익한 결과로 이어졌다. 교회 안에 이단의 문제가 발생해 교회가 흔들리기도 했지만, 이는 도리어 견고한 교리의 토대를 만드는 결과로 나타났다.

교회 외부에서 핍박이 가해지면, 교회는 더욱 순결해지고 믿음이 더욱 굳건해진다. 또한 이러한 핍박이 오히려 복음의 확장으로 이어진다. 예루살렘 교회에 가해진 심각한 핍박으로 인해 교회는 커다란 피해를 입었지만, 이 일은 선교의 역사가 전 세계로 확산되는 시발점이 되었다.

바울이 빌립보에서 복음을 전하다 투옥되었다. 하지만 이 상황은 도리어 빌립보 교회가 시작되는 특별한 계기가 되었다. 이러한 과정을 신약학자인 F. F. 브루스 박사는 "번지는 불길"이라고 표현했다. 복음의 역사를 멈추게 하려는 그 일들이 오히려 복음의 진보가 되었다.

코로나19 사태로 모든 것이 막혔지만 하나님의 길은 결코 매이지 않는다. 코로나19의 느닷없는 습격으로 교회당 문이 닫히고 교회당에서의 예배 모임이 금지되는 초유의 사태가 일어나자, 기존 예배에 익숙하던 이들은 당황하고 절망했다. 그러나 이러한 상황은 도리어 놀라운 복음의 확장이 일어나는 계기가 되고 있다. 정해진 시간과 장소에서 드리던 예배와 교육 활동이 이제는 시간과 장소의 제약을 받지 않게 되었다. 예배의 기회가 항상 누구에게나 열리게 되었다.

지금의 코로나19 상황은 교회가 존재하는 이유를 증명할 기회이며, 주일학교가 그 가치를 증명할 놀라운 기회임을 기억해야 한다. 복음과 교회는 단지 이론이 아니라 실제적인 능력임을 이제는 증명해야 한다.

메타버스 교회학교는 어디까지 갈 수 있나?

아날로그 세계와 디지털 세계를 아우르는 메타버스를 통한 교회교육을 행복나눔교회가 다양하게 시도해 보았다. 행복나눔교회는 코로나19가 오기 전에는 주일 오전 예배에 120명이 출석하던 교회다. 코로나19로 인해 전통 방식의 교회교육이 불가능해지자 모든 인프라를 이용해 교회교육의 새로운 모델을 만들어야 했다. 비대면 온라인으로 교회학교 학생들과 소통하고, 신앙 교육 프로그램을 새로 개발했다. 온라인을 통해 교회학교 학생들과 소통하며 신앙 양육을 위한 모든 과정을 통합해 운영했다.

또한 오프라인에서 사역이 가능한 프로그램을 지속적으로 개발하고 시행하면서 학생들이 교회와 지속적으로 연결되도록 했다. 그리고 교회 자체만이 아니라 다른 지역의 교회들과 연계해 다양한 프로그램을 진행했다. 이로 인해 학생들이 교회학교의 소속감을 더욱 강하게 느끼고 가정에서도 신앙 교육이 확장되는 성과를 거두게 되었다.

이러한 모든 과정을 함께 나누고 싶다. "나의 걸음은 다른 이들의 길이 된다"라는 거창한 말을 대입하기에는 부끄럽지만, '메타버스 교회교육'을 생각하는 교회와 목회자, 교사와 성도에게는, 이러한 사례가 하나의 방향타가 되기를 소망한다.

현재 교회의 규모와 사이즈에 관계없이 얼마든지 메타버스 교회학교를 진행할 수 있음을 행복나눔교회가 실행한 사례를 보면서 도움을 얻기 바란다. 메타버스 교회학교의 장점 열 가지를 살펴보면 메타버스 교회학교의 필요성을 알게 될 것이다. 메타버스 교회학교를 직접 운영하면서 얻은 40가지의 제안을 잘 적용하면, 시행착오를 줄이고 유익한 효과를 거두게 될 것이다.

3. 메타버스 타고 교회학교로 간다

"주일 밤이 달라졌어요!"

주일 밤 8시.

"자, 이제 다 모였나요?"

"출석 체크할게요."

"주원이는 카메라를 조금 낮추어 주세요."

"다혜는 오늘 저녁에 아주 예쁜 옷을 입었네요."

"자, 그럼 이제 기다리던 게임을 하겠습니다."

"친구들 모두 큰소리로 '할렐루야' 하면 시작합니다."

"할렐루야, 할렐루야, 할렐루야."

매 주일 밤 8시, 행복나눔교회 주일학교에서는 '줌일학교'로 명명된 온라인 주일학교 프로그램이 실행된다. 이를 위해 가족과 외식을 나간 친구들이 밤 8시에 '줌일학교'에 접속한다. 외식하고 2차를 가려던 계획을 취소하고 가정으로 돌아온 이야기도 전해져 온다. 게다가 이 이야기의 주인공은 불신 가정의 학생이었다.

이전 주일 밤 풍경은 가정마다 큰 차이가 없었다. 교회를 다녀온 저녁 밤 풍경은 거의 비슷했다. 저녁식사를 한 후에는 내일이면 다시 직장이나 학교에 나가야 한다는 부담감에 치킨의 위로를 받으면서, TV나 유튜브, SNS로 허전함을 달랬다. 개인주의 성향이 더욱 강해지는 현대 사회에서 주일 저녁은 새롭게 시작할 한 주간의 힘겨운 일상을 저마다의 방식으로 준비하는 시간이었다.

이전에는 주일 오전에만 아이들이 교회에 갔고, 교회당 안에서만 성경 수업을 하면서 신앙을 체험했다. 그나마 교회학교에 한 주 결석하면 복음의 공기를 맡지 못한 채 일상을 보내야 했다. 하지만 '줌일학교' 프로그램을 통해 주일 오전 교회당에서만이 아니라, 주일 밤에도 가정에서 교회가 열리게 되었다.

아이들이 교회에서만 찬송하고 성경을 읽고 설교를 들으면 사고가 이원화될 수 있다. 주일 오전이라는 특정한 시간과 교회당, 그것도 주일학교 예배를 드리는 곳에서만 하나님을 의식하게 된다. 그 나머지 시간과 장소에서 성경과 하나님을 의식하지 않고 살아가는 것에 익숙해지면, 일상에서는 세상의 가치관을 따라서 살며 세상에 물들게 된다.

하지만 메타버스 교회학교를 통해 획기적인 변화가 일어났다. 이전에는 주일 오전에 교회당에서만 예배했으나 이제는 어느 곳에서나 예배할 수 있고, 이전에는 교회 교실에서만 선생님을 만났으나 이제는 가정에서, 휴가지에서 교회와 연결되어 예배하고 교회교육 활동을 하게 되었다. 그렇다. 전에는 교회버스를 타고 교회에 갔지만 이제는 메타버스를 타고 교회에 간다.

복음은 새로운 시대를 열어 간다

세계의 역사는 BC와 AD로 나뉜다. 죄와 죽음의 땅에 예수님이 오시면서 비로소 구원의 역사가 완성되고, 이로 인해 뒤틀린 사회가 온전하게 선다. 기독교는 상황에 적응하며 살도록 돕는 것에 불과한 것이 아니다. 복음의 역사는 기존의 왜곡되고 비틀린 모든 것을 바르게 하는 하나님의 능력이다. 복음은 사람을 수단으로 보는 모든 잘못된 세상의 가치관을 깨뜨리고, 하나님의 형상으로서의 사람을 존중하는 성경의 가치관을 세워 간다. 그래서 복음이 들어가는 곳마다 제대로 대우를 받지 못하던 장애우와 노인, 아동, 여성, 사회의 하층민들이 보호받고 새로운 삶을 시작하게 되었다. 영화 "인터스텔라"(미국, 2014)의 메인 카피 "우리는 답을 찾을 것이다"라는 메시지처럼, 복음의 역사는 그 어떤 위기 상황에서도 결국 새로운 방법을 찾아냈다. 새로운 방법을 찾아내는 것에 그치지 않고, 도리어 새로운 기준과 질서를 만들어 냈다.

메타버스 교회학교는 우리의 사명이다

교회는 항상 어렵고 혼란스러운 시기에 새로운 기준을 제시하는 역할을 했다. 물론 이는 어느 특정 개인이 할 수 있는 것이 아니다. 이 책을 준비한 것도 그러한 이유다. 지금도 탁월하게 메타버스 사역을 잘 감당하는 사역자와 교회가 있다. 그러한 분들이 실제 사역 내용을 함께 나누면 그것이 다른 사역자와 교회에는 새로운 시작이 될 수 있다. 이러한 노력과 시도들이 모여서 메타버스 교회학교가 활성화되고, 시대에 뒤처진 것으로 여겨지는 교회 상황을 역전시키는 기회가 되기를 바란다.

메타버스인 아날로그 지구와 디지털 지구, 오프라인과 온라인 세계는 모두 하나님의 통치 영역에 해당한다. 메타버스에 하나님의 교회를 세우고 교회학교를 세우는 것은, 디지털 땅 끝으로 가야 하는 우리의 시대적 사명이다.

PART 2

메타버스 교회학교의
실제와 Q & A

Metaverse Church School

1. 메타버스 주일학교

줌일학교(유초등부 정기 모임)

　팬데믹으로 인한 비대면 시대가 도래하면서 교회학교 유초등부 모임도 멈추었다. 그럼에도 유초등부 모임은 지속해야 했다. 당장 가능한 방법은 유튜브로 동영상을 제작해 송출하는 것이었다. 매주 업로드 되는 성서유니온의 시청각 자료를 참조해 콘텐츠를 만들어 학생들이 유튜브를 시청하도록 했다.

　학생들의 흥미를 끄는 데 유용한 웹사이트 중 하나가 구글 맵이었다. 구글 맵의 기능 중에서 길거리를 360도 카메라로 촬영한 사진을 볼 수 있는 구글 스트리트를 활용했다. 이 기능을 이용해 성경과 설교의 배경이 되는 곳을 함께 찾아보았다.

2020년 3월 8일 설교에는 세리가 등장했다. 성경의 세리가 활동했을 것으로 추정되는 거리를 구글 스트리트를 활용한 시각 자료로 준비했다. 성경 장소를 실제로 보여 주면서 학생들의 집중도를 높이고 생생하게 경험할 수 있게 했다. 이러한 과정을 거쳐서 영상으로 준비한 콘텐츠를 학생들에게 제공했다.

오병이어를 설교할 때는 오병이어가 아이의 도시락에 해당한다는 것에 착안해, 직접 도시락 소품을 준비해 학생들의 관심을 유도하고 설교를 진행했다. 예수님이 주변에서 경험할 수 있는 비유를 통해 복음을 전하신 것처럼, 다양한 방법을 통해 복음과 연결시키려고 했다.

그러한 과정에서 만들어진 콘텐츠는 교회 내 온라인 나눔 방인 밴드(네이버의 모임 앱)에도 올려 교회 성도들도 함께 성경을 알아가는 데 도움이 되도록 했다.

매번 새로운 형식과 내용의 콘텐츠를 준비하는 것은 막중한 스트레스이며 엄청난 노력을 들여야 했다. 하지만 학생들의 영적 성숙을 돕는다는 이유 하나로 지속적으로 준비했다. 이러한 과정을 거친 교육 콘텐츠

가 어떻게 활용되고 있는지를 모니터링 해 보았다. 그 결과, 상당히 실망스러운 수치가 나왔다. 많은 시간을 들이고 노력해 만든 콘텐츠를 학생들이 조회하는 숫자가 많지 않았다. 그나마 조회하는 학생들도 평균 시청 시간이 전체 시간의 10~20%에 불과했다. 이러한 불편한 진실을 확인하고서는 이 방식을 지속할 수 없었다. 이 문제를 해결하려고 여러 방법을 찾았다.

그 와중에 줌(ZOOM)이라는 화상 앱을 알게 되었다. 이 앱은 2011년도에 개발된 것으로 여러 제약이 있기는 하지만 실시간으로 서로 얼굴을 보면서 프로그램을 진행한다는 장점이 있었다.

직접 접촉할 수 없는 언택트(Untact) 시대에는 온라인 매체를 통해 서로 연결되는 온택트(Ontact)가 중요하다. 교육이란 쌍방향의 소통이 가장 중요한 요소이기 때문이다. 이 앱을 설치하고 주변의 여러 사역자와 테스트를 겸해 익히기 시작했다. 이 앱을 처음 구동한 것이 2020년 3월 25일이었다.

줌 앱으로 쌍방향 소통이 가능함을 확인하고는 이를 교회교육 프로그램에 도입하기로 했다. 유초등부 학생들은 이미 온라인 학습을 수행하고 있었기에 무리 없이 온라인에 접속할 수 있었다. 반면에 교사들은 아직 디지털 환경에 익숙하지 않아 진입 장벽이 있었다. 교사들을 대상으로 줌 앱에 대해 간단한 사용 방법을 교육하고, 본격적으로 프로그램을 진행했다. 그리고 처음으로 온라인상에서 학생들과 교사들의 만남이 이루어졌다.

줌으로 학생들을 만나자 교사들이 환호했다. 그동안 만나지 못했던 학생들을 모니터를 통해서라도 만날 수 있었기 때문이다. 온라인상으로 진

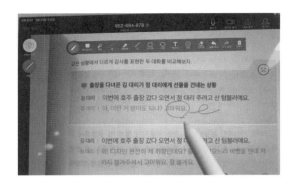

행하는 '오프닝 게임'에 학생들이 적극 참여하는 모습이 교사들에게 깊은 감동을 주었다. 이에 힘을 얻어 줌을 활용한 유초등부 시간을 본격적으로 준비하게 되었다. 줌 앱을 통해 학생들과 교사가 만나기에, 이 모임의 제목을 '줌으로 만나는 주일학교'라는 뜻을 담아 "줌일학교"라고 명명했다. 모임 시간은 모두의 의견을 모아 매 주일 밤 8시로 정했다.

모든 참가자가 줌에 접속하면, 간단하게 인사를 나누고 게임을 진행한다. 이 게임은 난이도가 낮으면서도 학생들이 집중할 수 있는 아이스브레이크 기법으로 진행한다. 이후에는 한 주간 큐티 내용을 요약한다. 그리고 서로의 기도 제목을 나누고 축복하는 시간으로 마무리한다.

현장에서 대면으로 모이는 것이 가장 효과적이지만, 언택트 상황에서 줌을 통해 학생들의 얼굴을 볼 수 있다는 점이 좋았다. 게다가 모임이 온라인으로 진행되기에 장소의 부담 없이 참석할 수 있다는 점이 효율적이었다. 뜻하지 않은 외출을 한 경우에도 스마트폰만 있으면 어디에서나 연결될 수 있었다. 불신 가정에서 출석하는 초등학교 3학년 여학생은 혼자 스마트폰으로 접속한다. 이 학생이 너무 즐겁게 참여하고 교회에서 다양한 선물을 챙겨 주면서 관심을 보이자, 교회를 다니지 않는 부모도 적극적으로 이 모임에 참여하도록 협조한다. 이전에는 스마트폰으로 인터넷 동영상이나 게임에만 몰두하던 자녀가 줌일학교에서 교사들과 친

구들과 소통하면서 밝아졌다고 감사 인사를 전해 오는 부모도 있다.

줌일학교를 진행하기 전 주일 밤은 교회와는 상관없는 시간이 대부분이었다. 온 식구가 TV 앞에 앉아 있거나 각자 게임이나 인터넷 동영상 시청을 하는 시간이 많았다.

하지만 이제는 주일 밤 8시가 되면 가정에 교회가 열린다. 가정이 교회가 되는 의외의 효과가 나타나고, 교회와 주일학교가 학생들을 책임진다는 강력한 의지를 경험하면서, 성도들은 교회에 대한 신뢰가 더욱 커졌다. 이로 인해 코로나19 상황이 개선되거나 성도들이 다시 모일 때, 서먹함이 아닌 반가움으로 만날 수 있었다. 온라인을 통해서라도 서로 지속적인 만남을 가졌기 때문이다.

교회의 처음 모습은 모든 세대가 하나 되는 모임이었다. 교회에서 모든 세

대가 다 같이 모여 함께 예배를 드렸다.[11]

유초등부 학생들은 콘텐츠에 쉽게 싫증을 내기 때문에 언제나 다양한
콘텐츠를 준비하는 것이 쉬운 일은 아니다. 때로는 온라인 프로그램을
잘 다루시는 목사님을 초빙해서라도 효과적인 교육이 진행되도록 힘을
기울이고 있다.

줌일학교 후기 – 박미미 집사(행복나눔교회 유초등부 학부모)

코로나19, 처음엔 그냥 독한 감기인 줄 알았고 다른 전염병처럼 잘 대처
해서 별일 없이 잘 지나갈 줄 알았습니다. 그러나 곳곳에서 집단 감염이 일
어나고 교회에서도 감염이 발생해 모일 수 없게 되면서 코로나19의 심각성
을 느끼게 되었습니다. 코로나19 때문에 모일 수 없어 온라인 예배를 드렸지
만, 아이들은 교회에서 주일학교 예배를 드릴 때만큼 즐겁게 신앙생활을 못
하는 것 같아 걱정이 되었습니다. 그러던 중 주일학교 줌 예배가 시작되었
고 여러 프로그램이 시행되면서 아이들의 신앙이 자라나는 모습을 보았습
니다. 주일 저녁 줌 예배를 통해 아이들은 성경을 배우고 하나님을 알아갑니
다. 온라인으로 함께 게임도 하며 아이들은 얼마든지 즐겁게 예배를 드리고
자연스럽게 성경 내용을 공부하고 예배에 집중할 수 있습니다. 주일 저녁이
되면 '오늘은 무슨 게임을 할까? 하고 설레하며 예배 시간을 기다리는 아이
들이 참 예쁩니다.

점퍼 모임(중고등부 정기 모임)

누군가의 표현처럼 중고등부 학생들은 교회교육에서 블랙홀과 같은 세대이다. 요즘 중고등부 학생들에게는 어떤 자극을 주어도 자기만의 세계로 한 번 빨려들어 가면 밖으로 표현되어 나오는 것이 없다. 팬데믹 현상이 발생하면서 교회 문을 열 수 없게 되었을 때, 중고등부 모임을 다양하게 연결하려고 했다. 중고등부는 주일 오전 11시에 부모들과 함께 세대 통합 영상 예배를 드렸다. 학생들의 안부를 묻기 위해 메신저로, 혹은 영상통화로 만났다. 여기에서 중요한 것은, 학생들이 영상통화보다는 메신저 등 텍스트로 소통하는 것을 선호한다는 것이다. 음성 통화나 영상통화가 아니라고 해서 만남의 가치가 줄어드는 것은 아니다. 기성세대는 직접 만나야 만남의 의미가 더해진다고 생각하지만, 정말 중요한 것은 얼마나 지속적으로 만나는가이다.

비대면 상황이 길어지면서 학생들의 생존을 확인한다는 명목으로 학생들이 좋아하는 간식을 준비해 각 가정을 찾아갔다. 온라인으로만 만나야 하는 아쉬움을 잠시나마 달래는 시간이었다. 이 프로그램을 시행하면서 임시적이고 비대칭적인 방식이 아닌, 정기 모임의 필요성이 커졌다.

그 대안으로 유초등부의 줌일학교 같은 모임을 준비했다. 김현태 중고등부 사역 간사는 직

접 포스터를 제작하면서 이 사역에 의욕을 보였다. 줌으로 여는 시간과 공간을 초월한 모임이라는 의미로 영화 "점퍼"(미국, 2008)를 패러디해 이모임을 '점퍼 타임'으로 명명했다. 이처럼 중고등부 학생들에게는 브랜드를 설정하는 문화적 연결 고리가 어필한다.

학생들과 의논해 가장 모이기 쉬운 주일 밤 8시를 만남 시간으로 정했다. 이 시간은 학생들과 함께 주일예배를 점검하고, 각자의 기도 제목을 나누며 영적 성장을 도모한다.

중고등부 학생들과 줌으로 만날 때 항상 기억해야 할 것은, 학생들이 자기의 얼굴을 오픈하지 않는다고 해서 상처받으면 안 된다는 것이다. 점퍼 모임은 화상 미팅이 아니라 라디오 미팅에 가깝다고 담당 간사는 자주 말한다. 학생들과 실시간으로 만나지만, 학생들이 자기 얼굴을 가려 간사의 얼굴만 모니터에 등장하는 것이 한두 번이 아니었다. 이는 다른 교회도 비슷하다. 이러한 상황에 적응하기 어려워서 모두 비디오를 오픈하라고 하면 다음 시간에는 접속하지 않을 수 있으니, 이러한 상황을 철저히 감안하고 대처해야 한다.

점퍼 모임 시간에는 학생들과 주로 교제하고, 예배 내용을 함께 나눈다. 생일이 있는 학생들을 철저히 챙겨서 그 학생이 주인공이 되도록 한다. 담당 사역자는 주일 오전 예배의 설교 말씀을 퀴즈로 내서 그 내용을

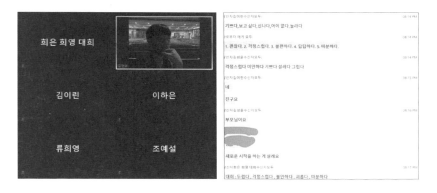

복습한다.

부활주일 이후 첫 주일에는 한 주를 보내며 자신이 느낀 감정을 돌아보는 시간을 가졌다. 자기 안에 있는 긍정적이거나 부정적인 감정을 나누며 주님이 가지셨던 감정에 공감했다.

중고등부 학생들은 자기를 공개 석상에서 오픈하는 것을 꺼리기 때문에 말로 표현하기보다는 문자로 채팅을 하든지 SNS 메시지로 자기 의견을 표현하는 것을 선호한다. 중고등부 학생들의 이러한 특성을 잘 활용해 대화를 유도하면, 자기의 생각을 자연스럽게 나누게 된다. 나눔을 하고 난 후에는 한 주간 살아갈 삶의 목표를 제시한다.

또한, 담당 사역자는 중고등부 학생들과 한두 명씩 하는 대면 상담을 중시한다. 중고등부 학생들은 자기를 다수 중 하나가 아니라 온전한 독립체로 보고 집중하는 것에 감동한다. 이것이 메타버스 교회학교의 중요한 요소다. 중고등부의 메타버스 교회교육은 이처럼 온라인을 통한 정기 모임인 '점퍼 타임'과 생일 등의 특별한 날, 혹은 담당 사역자가 짠 일정에 맞추어 학생들을 섬긴다. 이로 인해 학생들은 소외감을 느끼지 않고 교회의 돌봄 아래 있음을 체험한다.

점퍼 타임 모임 후기 - 김원경 집사(행복나눔교회 중고등부 부모)

점퍼 타임에 우리 아이들이 간사님과 친구, 형, 동생들과 소통할 수 있어서 좋습니다. 애들이 휴대폰에 많은 시간을 쓰는데, 그 시간만큼은 말씀과 함께 하나님의 자녀들이 의미 있는 시간을 보내는 것 같아 얼마나 감사한지 모릅니다. 아이들이 좋아하는 휴대폰이 다양하게 교제하며 나누는 일에 선하게 사용되어 좋습니다. 이 시간을 통해 교제하고 서로에게 유익한 영향력을 끼치니, 코로나 시대에 참 필요한 사역인 것 같습니다. 아이들도 학교 수업을 화상으로 하는데 재미없는 수업은 아주 힘들어합니다. 하지만 점퍼 모임은 재미있어 하고 적극적으로 참여하니, 이를 인도하시는 간사님에게 얼마나 감사한지 모릅니다. 아이들에게 모바일 상품권도 자주 보내 주셔서 그것을 사용하는 기쁨을 주신 것 또한 감사하고 있습니다.

이전에는 생각도 못한 온라인 수련회와 다양한 프로그램을 진행해 주시니 참으로 감사합니다. 귀한 것을 배우고 익혀 서로 점검하며 공유할 수 있어서 더 좋았습니다. 이를 통해 우리 아이들이 믿음으로 튼튼하게 자라나기를 간절히 바랍니다.

질문 1. 코로나19만 끝나면 이전 상황으로 돌아갈 수 있을까?

일상이 멈춘 날

2020년 2월 20일 목요일, 전주의 한 교회에서 모든 교육 기관의 학생들과 이틀간 연합 집회를 하기로 했다. 전주까지 운전하고 가서 첫날 집회를 은혜롭게 잘 마쳤는데, 집회를 마친 이후에 급작스럽게 비상 당회가 열렸다. 비상 당회에서는 둘째 날 집회를 하지 않기로 결정했다. 그날 전주에 코로나19 확진자가 발생했기 때문이다. 이 집회는 코로나19가 풀리면 다시 열기로 했지만, 1년이 지난 지금도 열리지 않고 있다.

주일이면 항상 보이는 풍경이 있었다. 귀여운 새들의 소리마냥 쫑알거리던 유초등부 학생들의 찬양, 오전 예배 후 함께 나눌 점심을 준비하는 분주한 손길, 예배를 준비하는 부서별 움직임, 주차장에서 성도들의 주차를 돕고 예배당 앞에서 성도들의 출입을 돕던 귀한 봉사자들의 모습…. 지금은 이 모든 것이 멈추었다. 아이들의 찬양이 멈추었고, 식사 준비가 멈추었다. 어떤 상황에서도 교회에 와서 예배를 드려 왔지만, 더는 예배당 문이 열리지 못해 텅 빈 주차장을 보며 눈물 흘리던 성도도 있었다.

희망고문은 없다

일상이 회복되고 이전으로 돌아가기를 많은 이가 간절히 바라고 있다. 2020년 2월에 코로나19가 급속히 확산되면서 정상적인 예배와 교회 활동이 멈추었다. 이로 인해 예배의 영광과 교제의 기쁨이 얼마나 소중했는가를 철저히 깨닫게 되었다. 이러한 재난이 속히 끝나기를 간절히 기도하고, 부활절에는 모든 성도가 함께 죽음 같은 코로나19에서 벗어나기를 간절히 소망했다. 하지만 고난주간은 1년이 지나도 아직 끝나지 않았다. 5월을 지나 6월에 들어서면서 각 교육 기관은 여름성경학교와 하계 수련회를 이전처럼 진행할 수 있기를 간절히 기도했다. 하지만 그 바람은 이루어지지 않았다. 여름이 지나가고 추석이 되자 코로나19를 우려해 고향 방문을 자제하는 캠페인이 일어났다. 행복나눔교회에서는 추수 감사 주일을 교회 방문의 날로 지키는 은혜는 누렸지만, 성탄절과 송구영신 예배는 지금까지 살아오면서 가장 허전하고 낯설게 보내야 했다.

코로나 상황이 언제까지 지속될 것인가에 대해서는 전문가마다 견해가 다르다. 어떤 이들은 코로나19는 천연두와 같이 상존하는 요소로, 변수가 아닌 상수가 될 수도 있다고 전망한다. 천연두 질환이 끝난 것처럼 보이지만 갑자기 유행하는 시기가 있다. 그처럼 코로나19가 수면 아래로 가라앉았다가 급속히 퍼질 수 있다는 것이다. 또한 코로나19가 종식되어도 새로운 질병이 퍼질 수 있다는 우려도 점차 커지고 있다. 최재천 교수는 바이러스의 창궐 주기가 점차 짧아지고 있음을 우려한다. 그는 인간의 욕망에 기인한 생태계 파괴가 멈추지 않으면, 5년, 3년, 어쩌면 1년 주기로 팬데믹이 일어날 것을 경고하고 있다.[12]

10년 만에 발생하던 팬데믹 주기가 짧아지고 있으며, 코로나19는 이전과는 비교할 수 없이 전 세계적으로 확산되었다. 질병 전문가들은 이러한 추세는 앞으로 더욱 악화될 것으로 전망한다. 최선의 방향은 이러한 팬데믹이 일어나지 않는 것이다. 하지만 코로나19가 그 누구도 예측하지 못한 사태였기에, 앞으로도 이러한 사태가 일어나지 않는다고 장담할 수 없다. 그러므로 이러한 전염병은 변수가 아니라 상수임을 전제하고, 그에 적절한 대안을 마련해야 한다.

메타버스 교회교육은 당장의 필요성으로 인해 시작되었지만, 미래의 가능성을 바라보며 준비해야 한다.[13]

질문 2. 코로나19가 끝나기 전에는 할 수 있는 게 없을까?

방탄소년단이 해외 공연을 할 수 없게 되자 랜선으로 전 세계의 아미들과 만나는 온라인 콘서트가 열렸다. 이러한 상황을 교회는 어떻게 바라보아야 하는가? 코로나19가 지나가기만을 바라고, 코로나 이후에 다시 이전 프로그램을 진행하기만을 기다려야 하는가? 백신이 공급되고 치료제가 개발 중이기에 이 상황은 언젠가는 종결될 것이다. 하지만 코로나 이후의 세상은 지금까지와는 완전히 다른 상황에 직면할 것이다. 코로나19로 인해 대면 문화가 멈추면서, 비대면으로 일상과 문화를 누리는 것이 가능한 메타버스 세계가 우리 안에 깊이 뿌리내리고 있다. 이러한 상황에서 교회는 적극적으로 메타버스를 활용한 교회교육이 활발하게 일어나도록 메타버스 교회교육을 효과적으로 발전시켜야 한다.

최악을 감안하고, 최선을 다하라

북경 코스타 집회에서 한 학생과 상담을 한 적이 있다. 이 학생은 밝은 표정으로 자기소개를 하더니 이내 심각한 이야기를 꺼냈다. 그는 여러 다양한 계획을 가지고 유학을 와서 자신이 최선을 다하면 좋은 결과를 얻을 것이라고 확신하고 더할 나위 없이 열정을 쏟았다. 하지만 그 결과는 기대한 것과는 전혀 달랐다. 그는 지금 상실감에 마음이 다 무너진 상태라고 말했다. 예상하지 못한 자기 현실에 크게 낙심한 그에게 나는 이렇게 이야기했다.

"누구나 최선의 결과를 기대하면서 시작하지. 하지만 최악의 상황이 일어날 수도 있음을 고려하면서 최선을 다하는 것이 필요하지 않을까?"

그렇게 전제하고 말을 이어 가려는 순간, 그 학생의 눈이 반짝이더니 금세 얼굴이 환해졌다. "아, 네. 그렇군요. 정말 감사합니다." 학생은 이렇게 말하고는 벌떡 일어나 배꼽 인사를 하고는 기분 좋게 상담장을 나갔다. 코스타 상담 역사상 가장 짧은 상담이었다.

우리는 항상 최선의 결과를 기대한다. 하지만 기대와 달리 최악의 상황이 발생하면 움츠러든다. 그러한 상황이 지속되면 주눅이 들고, 무기력이 학습되면 마침내 포기하려고 한다.

"Something makes Something, Nothing makes Nothing."

아무것도 하지 않으면 아무런 변화도 일어나지 않는다. 반면에 무엇이라도 시도하면 상당한 변화가 일어난다. 기업이나 가정에서 어떤 최악의 사태가 발생하더라도, 이에 잘 대처하는 것이 매우 중요하다. 최악의 상황에서도 가동할 수 있는 메타버스 교회학교는 어떤 상황이 발생해도 교회학교를 멈추지 않게 해 준다.

교회는 언제나 위기를 위대한 기회로 만들었다

복음이 증거되고 교회가 세워지면서 교회는 점차 확장되었지만 가는 곳마다 위기를 만났다. 기독교회의 태동기에는 유대인들의 강력한 저항에 직면했고 제국의 집요한 핍박을 받아야 했다. 교회가 점차 세워져 가는 중에도 다양한 공격을 받아야 했다. 교회와 복음의 이탈자들로 인해 큰 타격도 입었다. 하지만 교회는 그러한 위기를 성장하는 기회로 삼았다. 코로나19의 습격으로 인해 예배당에서의 모임이 중단되는 위기 또한 교회가 슬기롭게 대처할 기회가 된다. 그 기회는 아무에게나 열리지 않는다. 닫힌 문이 두드리는 자에게 열리듯 팬데믹 상황을 슬기롭게 해결하기 위해서는 주님이 주시는 지혜와 영혼을 향한 열정이 필요하다.

2. 큐티 방과 메타버스 수련회

큐티 단톡방(주일학교)

신앙생활의 궁극적인 목적은 하나님 앞에 단독으로 서는 것이다. 하지만 한국 교회에서는 교회가 모든 것을 주관하고 학생들은 참여자에 불과한 경향이 짙었다. 이 체제로는 세속주의와 이단의 거센 공격을 제대로 이겨 내는 믿음의 용사를 세우기 어렵다. 다음세대의 신앙 교육은 개교회 주일학교의 단독 사역이 아니다. 전 교회가 교육 생태계를 구축해야 한다. 교육이란 다음세대라는 생명을 다루는 일이다. 그 어떤 생태계보다 사람을 키우는 생태계가 중요하다.[14]

행복나눔교회에서는 2019년 5월부터 교회교육의 생태계를 획기적으로 바꾸었다. "6년 단위로 창세기에서 요한계시록까지 균형 있게 만나자", "큐티 훈련을 유치부에서 장년에 이르기까지 같은 본문으로 하자"는 내용을 골자로 교육의 대전환을 추진했다. 같은 본문을 학생들과 부모와 교사들이 읽고, 새벽기도회에서 큐티 내용을 다루었다. 주일 설교는 일주일간의 큐티 본문  에서 핵심 내용을 설교하도록 교육 생태계를 일원화했다.

학생들이 큐티를 생활화하는 것은 쉬운 일이 아니었다. 2019년 여름과 2020년 겨울의 성경 학교와 캠프에서는 성서유니온 경남지부의 김동하 목사와 간사들을 강사로 세워 큐티의 중요성과 실제적인 큐티 방법을 훈련했다. 주일학교 학생들이 수동적으로 교회에서 제공하는 프로그램들에 참여하는 것에서 벗어나 스스로 독립적인 신앙생활을 하는 것을 목적으로 삼고 진행했다. 특히 이단의 활동이 극성이기에, 학생들이 성경을 스스로 읽고 묵상하며 적용하도록 하는 차원에서 큐티 훈련을 강조했다. 교회 밴드에서는 매일 같은 본문의 설교를 나누면서 전교인이 같은 영적 흐름을 나누게 했다. 그 결과 식구들이 서로 공통 화제를 나눌 수 있었다.

2020년 2월 말부터 코로나19가 본격적으로 유행하기 시작할 즈음, 8개월 동안의 큐티 훈련이 서서히 빛을 발하기 시작했다. 교회에 가기 어려운 상황에서도 학생들은 큐티를 통해 성경을 지속적으로 익혔다. 주일에는 유튜브로 설교를 송출하는데, 일주일간 큐티한 내용을 바탕으로 전

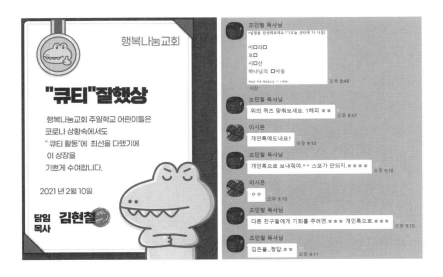

했기에 학생들과의 의사소통이 훨씬 수월했다.

큐티를 단체 메신저방에 인증하는 '큐티 톡톡'을 시작했다. 카카오톡 단톡방을 큐티 나눔방으로 운용하는 프로그램이다. 어린이와 부모, 교사를 단체 대화방에 초대하고, 매일 큐티한 내용을 사진으로 찍어 올린다. 스마트폰이 없는 어린이는 부모님이 대신 올렸다. 이 프로그램이 잘 정착되도록 하려고 첫 주에는 매일 인증하는 친구들에게 치킨 쿠폰을 상품으로 걸었다. 그 결과 평소 참여가 저조하던 어린이들도 열심히 큐티하고 인증샷을 올렸다. 첫 주에 100% 큐티하고 인증한 두 학생이 치킨 쿠폰을 받았다.

매주 상품을 거는 것은 예산의 문제도 있지만, 선물 때문에 큐티하는 주객전도가 나올 수도 있기에 방향을 수정했다. 달란트를 지급하고, 이를 달란트 통장에 적립하는 방식을 채택한 것이다. 행복나눔교회에서는 '해피'라는 단위의 쿠폰을 발행하는데, 큐티를 주기적으로 하는 학생들에게는 이 쿠폰이 동기부여가 되었다.

매일 큐티를 인증하는 학생들이 특별한 상을 받았다. 그 상은 교장 선생님이 주는 '큐티잘했상'이다. 큐티를 꾸준히 하는 학생들에게 감동한 담임 목사님이 상장 이미지를 만들어 단체 채팅방에 공유해 주었다. 그 외 물질적인 보상은 없었다. 그런데 이런 감성적인 상장이 학생들의 취향을 저격했고, 교사들에게도 큰 힘이 되었다. 보상과 시상에는 재정이 반드시 필요하다고 생각하지만, 이런 발상의 전환은 오히려 더욱 큰 감동으로 다가왔다. 진지한 사랑을 가지면, 그 대상을 감동시킬 방법을 결국 찾아내게 된다.

큐티 톡톡 단체 채팅방은 매 순간 소통하는 놀라운 시스템이다. 코로나 이전에는 주일에만 잠깐 만날 뿐 평일에는 거의 교류가 없던 학생들이 코로나 이후에는 큐티 톡톡으로 큐티 내용을 올리고 공유하며 도리어 교제가 더욱 깊어졌다. 담임 목사님의 관심과 후원이 큐티 톡톡의 큰 원동력이 되었다. 담임 목사님이 단체 채팅방에 학생들의 큐티에 가장 먼저 댓글을 달고 교사들도 큐티 인증샷을 올려 모범을 보인다.

게릴라 콘서트처럼 예고 없이 누구나 대답할 수 있는 깜짝 퀴즈를 출제할 때는 단톡방에 답을 올리기도 한다. 가끔 이를 개인 톡으로 보내 달라고 요청하는 학생이 있는데, 이마저도 정말 귀엽고 감사하다. 큐티가 억지 숙제가 아닌, 즐거운 놀이로 이해되고 있다는 뜻이기 때문이다. 세속적인 게임으로 즐기는 것이 아니라 성경을 통해 교역자와 학생들이 소통하는 것이 참 감사하다.

1년 4개월간 큐티를 강조하던 목회 패러다임의 전환이 팬데믹 시대에 이루어져 개인의 신앙이 성장하고 영적 전투력이 상승하게 되었다. 급변하는 세상에서 믿음을 지켜 내는 영적 경쟁력은 프로그램이 아니라 결국은 말씀이다. 메타버스 교회학교에서는 학생들이 주도적으로 말씀을 만나고 개인에게 적용할 수 있도록 효율적인 프로그램을 운영할 수 있다. 교회 현장에서 대면하지 않아도 영적 양육은 얼마든지 가능하다. 큐티를 하면서 학생들이 자기 고백으로 드리는 기도는 이 사역이 하나님이 역사하신다는 증거가 된다.

"우리 대신 십자가에 못 박혀 주셔서 감사합니다."_조은유(초1)

"하나님, 말씀을 이해하게 도와주세요."_박채은(초1)

"하나님, 제가 한 일은 제가 책임질 수 있도록 도와주세요."_김이레(초4)

"하나님이 저희를 지켜 주신다는 것을 잊지 않고 기억하며 하나님의 말씀을 잘 지키고 실천하게 해 주세요. 그리고 매일 큐티를 통해 말씀을 접하게 해 주셔서 감사합니다."_조은율(초5)

"하나님, 저는 예수님 말씀을 모른 체하지 않을게요."_이주온(초4)

"하나님, 저는 하나님을 배반하지 않을게요."_이시온(초4)

"하나님, 코로나19를 이겨 주세요."_홍다혜(초5)

"하나님, 제가 시험에 넘어지지 않게 해 주세요."_김주원(초6)

JB 수련회(중고등부)

코로나19라는 초유의 사태로 우왕좌왕하면서 여름 수련회의 계절이 다가왔다. 이전 방식으로는 수련회를 할 수 없었다. 여러 단체에서 수련회를 한다는 포스터가 날아오기 시작했다. 2020년 여름 수련회는 온라인으로 진행한다는 것이 대다수였다. 온라인 수련회의 콘텐츠를 만들려면, 온라인에 적합한 콘셉트와 방향이 필요하다.

기존 방식으로 수련회를 진행하면 효율성이 떨어지겠다는 판단이 섰다. 그렇다면 대안을 만들어야 했다. 현장에서 진행하는 수련회와 온라인으로 진행하는 수련회에서 크게 차이 나는 것은 어떤 요소들일까? 이 문제를 극복하는 대안들은 무엇일까? 이 문제를 해결하기 위해 동역자들을 모았다.

혼자 가면 빨리, 함께 가면 멀리 갈 수 있다

"혼자 가면 빨리 가지만, 함께 가면 멀리 갈 수 있다"(If you want to go fast, go alone. If you want to go far, go together).

이 아프리카 속담은 '함께'의 중요성을 말해 준다. 아프리카는 생존이 어려운 지역이다. 사막은 황량하고 물은 귀하고, 휘몰아치는 거대한 모래 폭풍과 사납고 맹렬한 독충, 무시무시한 맹수들이 즐비하다. 이러한 상황에서 혼자서는 생존할 수 없다. 이처럼 거친 사막처럼 지형이 바뀌는 코로나 시국에는 동역자들이 필요하다.

효과적인 온라인 클래스를 위해서는 반드시 팀워크로 일해야 한다. 교수자와 프로듀서, 기술 전문가들이 한 팀이 되어 교육 과정을 진행해야 한다.[15]

다행히도 주변에 같은 문제를 고민하는 동역자들이 있었다. 대구의 청구교회에서 중고등부를 지도하는 정도환 목사는 '좋은 공간'이라는 조명과 음향 회사의 대표다. 국내외 다양한 행사를 지원하고 직접 대형 공연을 기획, 진행하면서 얻은 다양한 콘텐츠를 보유하고 있었다. 창원에서 헤븐인교회를 섬기는 제주경 목사는 오랜 시간 인스피릿워십 찬양 팀을 섬겼으며 헤븐인 교회당에 멋진 스튜디오를 구비해 놓았다.

온라인에서는 인터넷 속도가 중요하다. 그런데 내가 주로 사용하게 될 서재의 인터넷 속도가 현저히 느려서 고민이었다. 인터넷 기사를 몇 차례 불러도 해답을 찾지 못했다. 이 사연을 들은 김동하 목사가 바쁜 일정 중에도 직접 방문해 주었다. 인터넷 속도를 테스트하고 속도가 제대로 나오지 않자 여러 사항을 체크했다. 이 문제를 해결하려면 인터넷을 접속하는 시스템을 바꾸어야 한다며 부품을 구입해서 설치하고, 결국 만족스러운 속도가 나오게 해 주었다.

또한 조명 상태가 중요하다며 멀리 진주 외율교회 염충현 목사가 직접 만든 조명 기계를 가져와 가장 이상적인 위치를 선정하고 무더운 날에

땀을 뻘뻘 흘리면서 설치해 주었다.

"철이 철을 날카롭게 하는 것 같이 사람이 그의 친구의 얼굴을 빛나게 하느니라"(잠 27:17).

복음을 증거하며 산 바울은 자신의 사역이 스스로의 힘과 노력만으로 이루어 낸 것이 아님을 고백한다. 바울이 죄인 되었을 때 오래 참으시고, 때가 되매 부르시고 훈련하신 주님의 역사하심이 이러한 삶을 가능하게 했다. 하지만 곳곳에서 바울을 도운 이들이 등장한다. 로마서 16장에는 바울이 도움을 입은 인물을 열거하는 데, 모두 37명이 등장한다. 이처럼 하나님의 일은 특정한 한 사람의 작품이 아니라, 각자의 은사와 달란트로 합력하는 이들이 모여 이루는 것이다.

2020년 5월부터 줌을 활용한 화상 회의로 수련회 방식을 논의했다. 코로나19가 극심하던 시기여서 서로 오고갈 상황은 아니었지만, 줌을 통해 영화 "킹스맨"(미국, 2015) 속 회의 장면처럼 활발하게 토론할 수 있었다. 수련회의 전체 콘셉트를 잡았다. 오프닝으로 레크리에이션을 하고, 찬양 집회를 찬양 사역자가 토크쇼 하듯 소통하면서 진행하도록 준비했다. 행복나눔교회 학생들과 청구교회 학생회를 중심으로

집회를 구상하고 진행했다.

2020년 온라인 여름 수련회는 정도환 목사의 레크리에이션으로 막이 올랐다. 다소 어색할 수 있는 상황이지만 재치와 깊은 영성으로 학생들의 마음 문을 잘 열어 주었다. 박요한 목사는 기타를 연주하면서 찬양 집회를 단독 콘서트 형태로 진행해 주었다. 학생들과 채팅으로 소통하며 행복한 시간을 나누었다. 나는 PPT를 활용해, 학생들의 눈높이에 맞는 감각적이면서도 복음적인 설교로 학생들의 마음을 뜨겁게 했다. 제주경 목사가 진행한 찬양과 기도회는 학생들이 거룩한 결단을 하도록 인도했다.

학생들의 성향과 온라인 상황에 맞추려고 시작한 수련회였다. 처음 해보는 온라인 수련회는 서툴렀지만 학생들과 교사들은 큰 은혜를 입었다며 감사했다.

JB 여름 수련회 후기 – 이성수 목사(행복나눔교회)

"이번 수련회 어땠니?"라고 조심스럽게 묻는 나에게 아이들은 하나같이 들뜬 목소리로 "이번 수련회 찐 좋았어요. 또 하고 싶어요"라고 말했다. "뭐가 좋았니?"라고 묻는 말에 "설교를 평소에 집중해서 듣는 편이 아니었는데 이번에 목사님 말씀을 나도 모르게 집중해서 들었어요"라고 말하는 아이도 있고, 어떤 아이는 "둘째 날 찬양을 부르는데 갑자기 가슴이 답답해지면서 눈물이 났어요"라고 말하기도 했다. 물론 "레크리에이션이요"라고 웃으며 답하는 아이도 있었다. 역시 하나님이 수련회에 주시는 은혜는 사람의 힘으로 얻을 수 없는 것임을 다시 한번 배웠다. 처음 시도하는 온라인 수련회였고 이전 방식을 차용한 수련회였지만, 하나님은 사랑스런 그분의 아이들을 위해 은혜를 베푸셨다.

메타버스 교회학교는 임시방편인가, 새로운 패러다임인가?

신종플루나 메르스 같은 팬데믹이 종식된 후 사람들은 이전의 일상으로 돌아갔다. 그 당시에는 질병의 파급효과가 그렇게 크지 않았고 온라인 문화가 활성화되지 않았기 때문이다. 하지만 코로나19는 그 양상이 달라서 백신과 치료제로 해결한다 해도 이전으로 돌아가는 것은 불가능하다.

사람들은 새로운 문명의 편리함과 효율성을 경험하면 이전으로 돌아가기 어렵다. 1784년에 1차 산업혁명이 본격적으로 시작되었다. 도구에서 기계로 생산 수단이 달라지는 1차 산업혁명 이후 인류는 이전으로 돌아가지 않았다. 1870년부터 전기를 이용해 대량 생산하는 2차 산업혁명이 본격적으로 진행되었고, 1969년에는 인터넷이 이끄는 정보화 혁명이 시작되면서, 문명의 시계추는 뒤로 돌아가지 않았다.[16]

인공지능으로 대표되는 4차 산업혁명 이후에는 과거로 돌아가지 못한다. 새로운 시대가 열리면 새로운 시대에 걸맞은 패러다임으로 움직이게 된다. 지금은 일상화되고 상식화된 것이 이전에는 전혀 생소한 내용인 경우가 많다. 영화 "써니"(한국, 2011)에서는 1980년대의 여고생들이 밤새 통화하면서 미래에 일어날 일들을 이렇게 상상한다.

"미래에는 아마 사람들이 얼굴을 보면서 전화할 거야."

"미래에는 사람들이 물도 사서 먹을 거야."

그 당시에는 공상에 가까운 말들이었지만 지금은 아주 당연한 일상이
되었다. 이렇게 변화된 일상은 과거로 돌아가지 않고 새로운 문화의 기
준을 만들어 간다. 여기에 파생되는 새로운 직업이 나타나고, 시대는 더
욱 급속히 달라진다.

1980년대에는 여름 수련회를 각 교회 중고등부에서 자체적으로 진행
했다. 1990년대 중반이 되면서 교회들이 연합하면서 집회를 여는 형태
가 태동했다. 2000년도에는 1,000~2,000명의 중고생이 모여 집회를
하는 대형 캠프가 새로운 패러다임으로 형성되었다. 대략 2007년 이후
로는 이러한 추세가 주춤하더니 신종플루, 메르스 사태로 조정기를 겪다
가 코로나 이후에는 온라인 수련회로 그 사역의 패턴이 달라졌다.

이러한 변화와 변천에 따라서 교회는 새로운 시대에 적합한 사역 형태
를 만들어야 한다. 과학과 문화의 발달로 인해 이전에는 절대 불가능했
던 사역들이 현재는 가능해졌기에, 이러한 상황에 적합한 사역을 발견하
고 세워 나가야 한다.

질문 3. 대형 교회, 전문가, 최첨단 장비는 필수 조건인가?

온라인 주일학교에 대해서 많은 교회나 교회 사역자들이 다음과 같은
선입견을 가지고 있다.

"이러한 사역은 아무나 할 수 없다."

"엄청난 규모의 장비나 시설, 인력이 있어야 한다."

그러나 메타버스 교회교육은, 경진 대회에서 수상을 위해 다투는 것과 다르다. 요즘 아이들이 흔하게 가지고 있는 스마트폰 자체가 이미 훌륭한 장비가 된다.

내비게이션을 사용하는 스마트폰의 정보 처리 속도가 아폴로11호를 달로 안내한 30kg의 항법 컴퓨터보다 3만 배 빠르다.[17]

달착륙선을 인도하던 컴퓨터보다 훨씬 뛰어난 성능의 컴퓨터를 모든 사역자와 교사는 이미 확보하고 있다. 스마트폰 하나로 얼마든지 메타버스 교회교육을 진행할 수 있다. 메타버스 교회교육은 방송국처럼 높은 수준의 콘텐츠를 요구하지 않는다. 사역자들은 학생들에게 자주 "사랑하는 친구 여러분"이라고 말한다. 정말 사랑한다면 만날 수 없는 상황에서도 반드시 만나려고 할 것이다. 메타버스 교회교육은 거창하고 화려한 것이 아니다. 팬데믹으로 인해 만날 수 없는 학생들과 영상통화를 하는 것부터 메타버스 교회교육은 시작된다.

이러한 방식은 온라인 예배도 마찬가지다. 메타버스 교회교육은 온라인을 송출하는 것으로 끝나지 않는다. 교회는 학원이 아니다. 예배와 교회교육은 단지 정보만 전달하는 것으로 끝나지 않는다. 교회 안에 공동체가 이루어지도록 해야 한다. 이를 위해 각기 다른 장소에서 온라인으로 예배하는 성도들이 일체감을 가져야 했다.

줌으로 각 가정의 예배 장면을 예배당과 각 가정의 성도들이 함께 확인하는 것이 필요했다. 또한, 예배 후에는 성도들이 서로 얼굴을 보며 축복하도록 설비했다. 이러한 장면을 웅장하게 연출하려면 많은 재정이 필

요하다. 하지만 행복나눔교회에서는 현재 있는 것 중에서 사용 가능한
자원을 총동원했다. 2020년 8월에 교회교육관에서 사용하지 않는 TV
두 대를 뜯어서 서로 등지도록 거치대에 설치했다. 이를 노트북과 연결
해 설교자와 성도들이 각 가정의 성도들을 보도록 했다. 이로 인해 각 가
정에서 줌으로 예배당과 다른 가정의 성도들을 보면서 예배할 수 있게
되었다.

예배 후에는 각 가정의 장면을 전체 화면에 띄워 차례로 축복하는 시
간을 가졌다. 이를 통해 우리는 한 공동체임을 다시 확인하게 되었다.

3. 메타버스 성경학교

메타버스 여름성경학교(유초등부)

여름성경학교는 이름만 들어도 뭉클한 감동의 추억이 가득하다. 은혜로운 찬양과 재밌는 율동, 신나는 게임, 푸짐한 선물과 다채로운 프로그램이 있는 여름성경학교는 아이들이 여름방학을 기다리는 이유가 된다. 한국 교회에서 여름성경학교가 차지하는 비중은 특별하다. 목회자와 교사도 연중 행사에서 가장 큰 비중을 두고 준비하며, 학생들도 기대하며 기다린다. 여름성경학교는 온 교회의 축제다. 그렇지만 팬데믹은 이 모든 것을 전설로 만들어 버리고 말았다.

주일학교의 현장 모임이 불가능한 상황이 계속된 채 여름이 다가왔다. 일 년 중 가장 중요한 교육 프로그램인 여름성경학교를 상황이 어렵

고 힘들다고 그냥 넘어갈 수는 없었다. 현재 상황에서 가능한 방법을 총동원해 새로운 패러다임의 여름성경학교를 준비하려고 교사들과 논의했다.

이미 안정 궤도에 접어든 줌일학교의 확장판으로 여름성경학교를 치르자는 큰 틀을 잡았다. 예년에는 2박 3일간의 여름성경학교가 진행되었지만, 현재 여건으로는 불가능했다. 그렇다고 단 하루만 진행하는 것도 맞지 않았다. 또한, 여름성경학교라는 이름에 걸맞게 획기적인 프로그램을 진행하고 싶었다.

이를 위해 정보를 찾던 중 '향기나무'를 알게 되었다.[18]

향기나무는 학생들 참여형 프로그램을 개발, 보급하는 사역단체다. 향기나무의 핵심은 각 가정에서 이뤄지는 오감놀이다. 오감놀이는 본문과 설교의 내용을 체험적으로 학습하는 목적으로 구성되었다. 향기나무의 사역 내용을 듣고 샘플로 보내 준 소품을 보면서, 3주간 주일저녁 시간을 활용해 진행하는 것으로 확정했다. 온라인으로 진행되는 특별한 여름성경학교이기에, 온라인에 적합한 프로그램을 준비했다. 아이들이 말씀을 더욱 효과적으로 만나고 흥미를 느끼도록 교회에서는 전적인 지원을 약속했으며, 성도들도 물심양면으로 지원하여 풍성하고 넉넉한 여름성경학교가 되었다.

여름성경학교가 다양한 프로그램을 준비하는 것에만 치우치는 것을 방지하고자, 교사와 학생들이 매일 기도할 수 있게 기도 포스터를 만들어 발송했다. 이전에는 여름성경학교가 다가오면 성경학교 포스터를 제작해 교회 안, 학교 주변, 성도들의 사업체에 부착했다. 하지만 메타버스 시대에는 디지털을 활용해 기도 카드를 이미지 파일로 제작해 교사와 학생들에게 전송한다. 단 한 번만 발송하는 것이 아니라, 일주일에 한 번 이상 발송해 함께 기도하도록 독려한다. 또한 교회 밴드에도 올려 성도들이 함께 기도하도록 요청했다.

메타버스 교회학교의 핵심은 온라인과 오프라인이 함께 유기적인 협력을 하면서 진행하는 것이다. 온라인 여름성경학교를 진행하면서도 오프라인 현장에서 학생들과 만나고 교류하는 것이 중요하다.

향기나무에서 구매한 3주간의 성경학교 교육 자료에 여름성경학교를 위한 간식을 넣어 각 가정별로 발송했다. 또한 각 가정이 여름성경학교

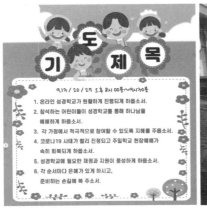

가 되도록 여름성경학교 장식용 자료도 함께 배달했다. 교육국장 황춘식 장로와 유초등부 부장인 김선애 집사가 학생들의 가정을 방문하면서 배부했다.

학생들은 부모님과 함께 소품을 장식하면서 각 가정을 여름성경학교 교실로 바꾸었다. 각 가정이 단지 주거 공간을 넘어, 거룩한 하나님의 공간으로 탈바꿈하는 놀라운 순간이었다. 일상적인 삶을 살아가는 공간이 찬양과 말씀, 활동을 통해 하나님을 경험하는 특별한 공간으로 변모한 것이다.

레크리에이션의 달인 정도환 목사의 인도로 여름성경학교가 시작되었다. 복잡한 규칙이 필요한 게임이 아니라, 가위바위보만으로도 학생들과 교사들이 뜨겁게 반응하면서 온라인 성경학교 안으로 들어왔다. 온라인으로 진행하면 집중력이 떨어지지 않을까 하는 우려가 말끔히 사라지는 특별한 시간이었다. 각 가정에서 온 식구가 함께하는 게임을 통해, 주일 밤이 놀라운 회복의 시간으로 변했다. 이처럼 행복한 시간은 다음 프로그램에 대한 기대감을 증폭시켰다.

　향기나무에서 준비한 프로그램은 학생들이 스스로 성경 메시지를 듣고, 그 메시지에 맞는 만들기를 하는 것이었다. 첫 시간에는 "하나님의 형상대로 나를 만드셨어"라는 주제를 진행하면서 하나님이 세상을 만드신 것과, 사람을 흙으로 만드셨음을 전했다. 그리고 설교자가 진흙을 보여 주고, 그 진흙으로 사람의 모양을 만들어 하나님이 사람을 만드시는 모습을 형상화했다. 학생들은 미리 교육 자료로 수령한 진흙으로 아담을 만드는 상황을 재현했다. 그리고 각 가정의 부모들이 자녀들을 터치하면서, 우리 가족은 하나님의 사랑을 받은 가족임을 상기하고 서로 축복하는 시간을 가졌다.

　이러한 과정을 통해 가족이 함께 스킨십으로 하나 되는 가정의 평화가 임하게 된다. 또한, 아빠나 엄마가 하나님이 만드신 동물을 흉내 내며 자녀들을 태우는 놀이도 진행했다. 놀이공원을 가야만 가족 간의 유대감이 커지는 것이 아니다. 여름성경학교를 통해서도 얼마든지 행복한 시간을 보낼 수 있었다.

　그렇다. 메타버스를 타고 가정이 천국을 누리게 되었다.

　즐겁고 행복한 여름성경학교의 마지막 날, 담임 목사님이 온라인으로

학생들에게 설교했다. 청소년과 청년 집회를 외부에서 많이 인도했지만, 본 교회 학생들에게 온라인으로 설교하는 것은 매우 특별한 부담이 있었다.

설교 전에 학생들에게 그림 그릴 도구와 포스트잇을 준비하도록 미리 요청했다. 설교 도입부에 자기 자신을 알아보자며 자기를 표현하는 그림을 학생들이 그리게 했다. 학생들은 자기의 특성을 살린 나무를 그리고,

포스트잇으로 자기가 좋아하는 계절과 과일을 적어 붙였다. 누구라도 답할 수 있는 질문이기에 학생들은 큰 어려움 없이 답을 적었다. 학생들은 자기를 나타내는 작품을 카메라에 비추며 자기의 특별함을 나타냈다. 이러한 내용을 바탕으로 "하나님은 모든 사람을 독특하게 만드시고, 그 독특함으로 하나님의 일을 이루어 가신다"

라며 설교를 이어 갔다.

또한 각 나라의 랜드마크를 화면에 띄우고 지명을 알아맞히는 퀴즈를 내니, 학생들이 자기가 아는 건물이 나오면 들썩거리며 신나했다. 이를 적용해 우리 모든 학생이 하나님 나라의 랜드마크가 되길 바란다고 권면하니 학생들은 "아멘"으로 화답했다.

여름성경학교는 무엇보다 성경을 집중적으로 배우는 시간이다. 각종 다양한 프로그램을 동원하는 것은 성경을 효과적으로 배우도록 하기 위함이다. 온라인으로 설교와 교회교육을 진행하면, 집중하기 어렵고 참여가 저조하리라고 생각한다. 하지만 온라인과 디지털의 성격을 잘 이해하고 학생들의 심리적인 특성을 잘 파악하고 기획하면, 얼마든지 활기찬 프로그램을 진행할 수 있다. 처음으로 진행한 온라인 여름성경학교는 메타버스 교회학교의 가능성을 재확인하는 특별한 시간이었다.

All Things New 집회(중고등부)

2020년 여름 수련회를 온라인으로 치르면서, 온라인 수련회의 장단점을 직접 경험하게 되었다. 온라인으로 수련회를 진행할 때 무엇을 준비하고, 어떤 요소들을 점검해야 하는지 알게 되었다. 그러한 요소들에

착안해서 "All Things New"라는 제목으로 온라인 겨울 수련회를 기획했다.

메타버스 집회로 준비하라

이전의 집회 양식은 찬양 집회를 1시간 하고, 말씀 집회를 90분가량 하고서는 기도회를 진행했다. 기도회에서는 찬양 팀이 숙련된 찬양으로 받쳐 준다. 조명과 음향의 지원을 받아 교사들과 목회자들이 학생들과 함께 기도하면 기도를 못하는 학생들에게도 기도의 문이 열린다. 하지만 온라인상에서는 학생들을 모니터와 일대일로 상대하게 된다. 신앙 훈련이 잘된 학생, 영적 은혜를 갈구하는 학생은 온라인 수련회도 문제가 되지 않는다. 부모들의 영적 지도가 잘된 가정도 수월하게 수련회에 참여할 수 있다. 기존의 집회 방식을 중계만 하는 것으로는 좋은 효과를 기대

할 수 없다. 온라인 집회가 진행될수록, 신앙 훈련이 잘된 학생들도 마찬가지다. 갈수록 짧은 콘텐츠를 접하는 학생들에게는 온라인 콘텐츠의 긴 시간이 장벽이 된다. 그러므로 온라인 집회를 하려면 수련회 형식에 대한 기획 자체를 바꾸어야 했다.

"All Things New" 집회는 이틀간 매일 세 가지 섹션에 40분씩 배

정해 진행했다. 첫 번째와 두 번째 섹션으로는 각각 청소년이 좋아할 만한 강연과 찬양 집회를 준비하고, 세 번째 섹션으로는 말씀 집회를 준비했다. 메타버스 교회교육에서는 항상 적절한 균형을 고려하며 기획해야 한다.

첫째 날에는 채주연 수어 통역사가 첫 시간을 열었다. 채주연 통역사는 수어를 모국어로 사용하는 농인들을 위한 사역을 하고 있다. 수어로 여러 행사에서 통역하며 찬양하는 채주연 통역사에게 첫 시간을 부탁한 이유가 있었다. 학생들은 수어라는 낯선 영역에 호기심을 보였다. 또한 장차 진로를 선택할 학생들이 명문대 진학이나 대기업 입사가 유일한 해답이 아님을 일깨워 갔다. 하나님이 각자에게 주신 특별한 은사를 일깨워 주고자 하는 목적이 성공한 것이다. 채주연 통역사가 강의를 시작하자 학생들이 고도의 집중력을 보였다. 수어로 인사하면서 학생들에게도 인사를 가르쳐 주자, 화면에 보이는 학생들이 열심히 따라 했다. 채주연 통역사가 준비한 PPT로 강의를 하고, 자신이 수어로 통역한 노래의 뮤직비디오를 보여 주었다. 자신이 청소년 시기에 겪은 일들을 나누면서 학생들에게 삶이 힘들어도 복음의 역사를 믿으라고 도전하고, 간단한 수어를 알려 주었다.

진로 강의를 한 후에는 이야기가 있는 찬양을 준비했다. 비행기 조종사인 김신 집사는 자신의 직업을 소개하고, 자신이 비행하는 과정을 동영상으로 보여 주었다. 생소한 공간인 비행기 조종석을 학생들이 동영상으로 보는 것은 신기한 즐거움이었다. 이륙부터 착륙까지의 비행 과정을 담은 영상을 보면서 코로나19로 끊긴 여행의 갈증을 풀기도 했다. 또한 이런 특별한 분위기에서 김신 집사의 찬양은 많은 학생에게 신선한 은혜가 되었다.

둘째 날 집회에서는 김한나 교수의 간증과 찬양 시간이 있었다. 유학 시절의 에피소드와 학창 시절에 만난 하나님을 증거할 때 많은 학생에게 큰 은혜가 되었다. 특히 음악 영역으로 진로를 결정하려는 학생들에게는 큰 도전이 되었다. 김한나 교수가 간증을 마친 후 바이올린으로 찬양을 연주할 때, 미리 준비한 가사를 자막으로 송출했다. 아름다운 찬양 선율이 흐르자 참여자들이 일제히 찬양을 따라 불렀다.

이러한 찬양 집회 이후에 청소년 부흥 집회의 전문 강사인 곽상학 목사의 설교가 있었다. 청소년들의 눈높이에 맞춘 PPT 자료 화면을 보여주며 자신의 삶을 성경에 맞추어 증거할 때 많은 청소년이 깊은 은혜를 받았다. 곽상학 목사의 딸이 청소년기에 겪은 아픔과 과정, 믿음으로 이겨 나간 헌신의 삶은 많은 청소년에게 깊은 은혜가 되었다.

둘째 날 저녁 집회에서는 오랜 기간 청소년을 섬겨 온 김현철 목사의 설교가 있었다. 학생들의 눈높이에서 학생들이 선호하는 문화 콘텐츠를 풀어가면서 복음과 연결하는 설교였다. 학생들이 좋아하는 히어로 영화 속 등장인물을 상징하는 옷을 입고 등장해 학생들은 친근감 속에서 모든 것을 새롭게 하실 하나님을 기대하게 되었다.

이어진 기도회에서 학생들은 저마다의 기도 제목을 놓고 부르짖었다. 헤븐인교회 찬양 팀의 찬양에 맞추어 모니터 너머 학생들은 각자의 자리에서 기도했다. 간증과 찬양, 말씀을 통해 하나님의 은혜를 충분히 경험한 학생들은 비록 모니터 앞이지만 뜨거운 기도를 드리게 되었다. 각 가정이 수련회장으로 바뀌는 은혜로운 변화였다. 메타버스 교회학교의 최고 장점이 폭발하는 순간이었다.

진로 강의를 마친 이후에는 10분의 휴식 시간을 주었다. 그 시간에 준비한 찬양 동영상을 송출해서, 화면에 계속 머무는 학생들이 찬양으로 집회를 계속 따라오도록 한다. 휴식 시간에는 랜덤으로 편의점 상품권 3,000원 쿠폰을 증정했다. 성경 요절을 잘 외우는 사람이나 찬양을 잘 따라 하는 사람들이 대체로 교회에서 상을 받아왔다. 이러한 조건에서는 소극적인 학생들이나 초신

자 학생들이 불리하다. 하지만 랜덤으로 상품권을 지급하니 교회에서 상을 받은 경험이 없는 학생들이 즐거워했다. 이러한 기쁨은 수련회에 더욱 집중하게 한다.

다양한 일화를 남기고 "All Things New" 집회는 은혜 가운데 잘 마무리되었다. 매일 온라인 비대면 수련회를 준비하는 스태프들은 저녁식사도 제대로 하지 못한 채 거의 7시간을 보냈지만, 그 시간은 감동 그 자체였다. 캠프에 참가한 학생들이 큰 은혜를 받았다는 소식은 큰 위로가 되었다.

"All Things New" 집회 후기 - 신창숙(충무동신교회 학생회 교사)

비대면 온라인 수련회라니, 처음 접해 보는 방식이라 그냥 유튜브 영상을 시청한다고만 생각했습니다. D-10일부터 기도 제목이 올라왔습니다. 모두 매일 기도 제목을 나누며 함께 기도했습니다. 수련회 날 일찍 와서 플래카드도 함께 만들고 찬양으로 준비하며 하루를 보냈습니다. 시간이 되자 줌으로 집회가 시작되었습니다. '온라인으로 레크리에이션이 가능해?'라고 생각했는데 정말 가능했습니다. 진행을 재밌게 해 주셨고 아이들 또한 흥미를 가지고 열성적으로 참여하는 모습에 참 감사했습니다. 김현철 목사님의 설교와 기도회는 정말 은혜 받는 귀한 시간이었습니다. 아이들이 정말 좋았다고, 기대하지 않았는데 재밌었고 또 참여하고 싶다고 말하는 것을 들으니 정말 감사했습니다.

또한 언택트(Untact) 시대에 맞는 새로운 형태의 부흥회를 통해, 다양한 영역에서 하나님을 섬기는 인생 선배들을 만나 우리 아이들이 비전을 갖고 새로운 힘을 얻어서 여러 직업으로 하나님을 나타내고 하나님이 기뻐하시는 일을 하게 해 달라고, 또 여러 강사님들을 통해 어려움 속에서도 좌절하지 않고 하나님을 만나게 해 달라고 기도하게 되었습니다. 코로나 시대에 우리의 생활이 제한되고 많이 불편하지만 그럼에도 우리의 신앙이 함께 위축되어서는 안 된다는 걸 느낍니다. "과연 코로나 이전의 상황으로 돌아갈 수 있을까?"라는 걱정이 속출하는 이 시대에 온라인 사역이 정말 필요했고, 그 사역은 엄청난 장비나 전문가가 없어도 가능한 일이었음을 체험했습니다. 이 일을 계기로 시대에 맞추어 변화해야 한다는 것을 또 한번 알게 되었습니다. 격리 중에 작은 휴대폰 화면으로 아이들과 집에서 함께 기도하고 찬양하는 귀한 시간이었습니다.

온라인 비대면 집회 후기 – 추하은(충무동신교회, 고2)

사실 나는 비대면 수련회에 대한 선입견과 거부감이 있었다. 아무래도 비대면이다 보니 수련회 분위기가 (대면 수준에 비해) 제대로 조성되지 않고 화면을 끄면 서로를 볼 수 없기 때문에 행동이 자유로워져서 나태해지기 쉽다. 또 많은 사람이 참여하기 때문에 오류도 많이 생기고 소리가 뚝뚝 끊기기도 할 것이다. 여러모로 집중할 수가 없는 상황 때문에 적극적으로 참여하기가 힘들 것 같았다. 하지만 나는 학생회를 대표하는 회장으로서 아이들을 이끌어 나가야 한다는 책임감이 있었기 때문에 이런 부정적인 생각을 제쳐두고 제일 먼저 나섰다. 조금이라도 눈에 잘 띄기 위해 동신교회 학생회만의 플래카드를 직접 제작했다. 다 같이 만들었기 때문에 더욱 값지고 예쁜 결과물이 탄생할 수 있었다. 고학년생들은 경험이 많아 익숙하지만 새로 들어온 중학교 1학년 아이들은 아직 부족하므로 한 명씩 맡아 옆자리에 앉고 하나하나 알려 주며 진지하게 임했다. 회장으로서의 사명감을 가지고 열심히 분위기를 띄웠다. 호응이 좋았고 은혜도 많이 받았다. 강사 선생님들도 너무 대단하신 분들이었다. 그분들과 함께 소통할 수 있다는 것에 감사했다. 또 그분들의 간증을 들으면서 '나라면 저럴 때 어떻게 했을까?' 하고 생각하며 나를 되돌아보았고, 정말 하나님은 살아 계시고 나와 함께하신다는 것을, 나를 무척 사랑하고 계신다는 것을 다시 한번 느낄 수 있었다. 눈도 즐겁고 귀도 즐겁고 손도 즐거운 수련회였다. 이틀이라는 짧은 시간이었지만 대면과는 또 다른 새로운 매력을 느꼈고 많은 것을 배웠다. 무엇이든 내 마인드에 따라 달라지는 것 같다. 부정적으로만 생각했던 과거의 내 모습이 옳지 못했다고 반성하는 계기가 되었다. 새롭게 All Things New!!

질문 4. 메타버스 교회학교는 예배만 송출하면 되는가?

메타버스를 잘못 이해하면, 단지 온라인 프로그램을 기획하고 제작, 송출하는 것이라고만 생각할 수 있다. 메타버스 교회학교는 최소한의 프로그램을 제작해 온라인으로 예배 시간과 공과 시간을 대체하는 것으로 끝나지 않는다.

메타버스 교회학교는 주일 단 하루, 그 중에서도 예배와 공과 공부 시간에 한정된 지난 시절의 교회교육과는 비교가 안 되는 확장성이 있다. 디지털 문화의 가장 큰 장점은 삭제하지 않는 이상 언제 어디서나 재생이 가능하다는 것이다. 그렇기에 메타버스 교회학교에서 준비한 모든 콘텐츠는 지속적으로 반복 시청이 가능하다.

1980년대 후반 비디오테이프가 보급되기 이전에는, 방송국의 TV 프로그램은 한번 송출하면 그것으로 끝이었다. 하지만 비디오테이프로 그 방송을 녹화하면 필요한 순간에 다시 보기가 가능했다. 하지만 이런 방식도 제 시간에 녹화를 제대로 해야 했고, 비디오테이프를 지속해서 구입해야 했다. 2000년대 초반에 수도권 지역에만 송출되는 영화 소개 프로그램이 설교와 성경 수업에 꼭 필요했다. 이를 얻기 위해서는 수도권에 살던 여동생에게 그 프로그램을 녹화해서 등기로 발송하도록 부탁해야 했다. 그런 과정을 거치면 신작 영화 소개를 2~3주 후에 받게 되었다. 그러면 수업 시간이나 채플에 사용할 새로운 영화 소개 프로그램은 이미 구시대의 유물로 전락해 버렸다. 하지만 디지털 시스템은 실시간으로 접속할 수 있고, 반복 재생이 가능하다. 팬데믹 이후 실시간 스트리밍으로 방송을 보는 경향이 늘어나면서 이러한 문화도 학생들에게는 익숙하다. 이를 활용해 설교 복습이나 프로그램을 통한 복습 게임도 가능하게 되었다.

또한 메타버스 교회교육은 시공간의 제약을 뛰어넘기 때문에 기획에 따라서 다양한 교과 내용을 학생들에게 공급할 수 있다. 각 교회에서 후원하는 해외 선교사들을 실시간으로 연결해 선교지의 현황을 직접 실시간으로 보고 들을 수 있다. 또한, 선교지의 또래 학생들과 소통하면, 직접 선교지에 선교 훈련을 가지 않더라도 선교를 체험할 수 있다. 다른 지역 교회와 해외 동기생들과 연합 찬양 예배나 특별한 프로그램을 기획해 진행할 수도 있다.

2021년 여름 수련회를 준비하면서 청소년 선교 단체인 '다세모'와 협력해, 필리핀 지역의 교회와 연합하고, 비슷한 시간대의 다른 지역 교회와도 연합한 집회를 준비하고 있다. 이러한 프로그램으로 인해 학생들은 시각과 관심의 지경을 넓히고 더욱 다양한 경험을 하면서, 앞으로의 진로 선택에도 폭을 넓히게 된다. 국내 선교 유적지와 순교 지역을 그 지역 교회와 연계해 살펴볼 수 있으며, 다양한 문화 콘텐츠를 각 지역에서 경험할 수 있다. 이처럼 메타버스 교회교육은 직접 만날 수 없는 비대면 상황의 응급조치뿐만 아니라, 더욱 다양하고 적극적인 사역의 장을 펼치면서 신앙의 폭과 깊이를 확장하고 견고하게 할 수 있다. 그러한 다양한 사역을 적극적으로 개발하고 운영하면서 효과적인 신앙 훈련을 진행할 수 있다.

질문 5. 온라인 사역과 오프라인 사역은 선택형인가?

2021년도 고난주간에 행복나눔교회 교회학교에서는 메타버스 교회학교를 통해서 예년과는 다른 특별한 프로그램을 진행했다. 유초등부에서는 "생활 속 십자가 찾기" 프로그램을 진행했다. 고난주간 동안 주변에서 십자가 무늬를 찾아 사진을 찍어 단톡방에 올리는 활동이었다. "과연 유초등부 학생들이 이 활동을 어느 정도 소화할 수 있을까?" 하는 의문이 들기도 했다. 그런데 광고가 나간 종려주일 오후부터 단톡방에 불이 나기 시작했다. 하루에 한 장씩 올린다는 규칙을 듣지 못한 가정에서 십자가 사진을 폭탄 투하한 것이었다. 이것이 마중물이 되어 다른 학생들도 열심히 십자가 무늬를 찾아 단톡방에 올렸다. 이러한 십자가 무늬 찾기는 고난주간 한 주간 동안 지속적으로 진행되었다. 부모님들의 증언에 의하면 자녀들이 먹을 것과 놀 것에만 집중하는 줄 알았는데, 생활 속에서 십자가에 집중하는 모습을 보니 정말 감동이었다고 한다. 생활 속에서 십자가 무늬를 발견하면, 마치 네잎클로버를 발견한 것처럼 환호성을 지르며 기뻐하고 촬영하는 뒷모습이 대견해 보였다고 한다. 십자가 무늬를 정성스럽게 촬영하고 단톡방에 올리는 것을 보면서, 그 자녀가 언제나 십자가를 품고 살기를 기도했다는 고백에 그저 감사할 뿐이다.

한편 행복나눔교회 중고등부에서는 조금 수준을 높여 학생들에게 각

자의 고난주간을 동영
상으로 제작해 제출하
도록 했다. 처음에는
'자기 관심사 외에는
관심을 잘 기울이지 않
는 요즈음 청소년들이
과연 이 과제를 잘 수행
할 수 있을까?' 하는 의
구심이 들었다. 하지만
고난주간을 보내면서
정말 놀라운 결과물을

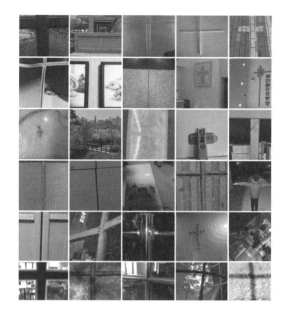

보고 눈을 의심할 정도였다. 평소에는 묻는 말에도 잘 대답하지 않던 학
생들이 저마다의 독특한 고난주간 동영상을 보내 왔다.

한 고등학교 2학년 남학생은 고난주간 특별새벽기도회에 참석하는 모
습을, 잠에서 깨어 교회당에 착석하는 상황까지 브이로그로 만들어 올렸
다. 한 고2 여학생은 한 주간 온라인으로 특별새벽기도회에 참가하는 과
정을, 고3 여학생은 고난주간 기도문을 낭송하는 동영상을 올렸다. 중3
남학생은 뜻하지 않은 호우피해를 입은 아버지의 복구 과정을 담담하게
올렸다. 중2 남학생은 고난주간에 가정에서 피아노를 연주하면서 찬양
하는 동영상을 올리기도 했다.

학생들이 제출한 동영상을 중고등부 담당 간사가 교회 밴드에 올리자,
학부모들과 성도들이 신선한 충격을 받으면서 감사하는 시간을 가졌다.

"철없기만 하던 아이들의 믿음이 이렇게 자랐구나."

"무뚝뚝한 아이들에게 이렇게 섬세한 마음이 있구나."

"새벽에 일어나는 것이 힘들었을 텐데 용케 완주해 주었구나."

고난주간 특별새벽기도회 시간에 한 학생이 휴대폰을 만지작거려서 '한마디 해 줄까' 하다가 꾹 참았는데, 과제를 수행하고 있었던 것이다.

이 고난주간 행사는 지금까지 본 적이 없는 특별한 과정을 담고 있었다. 특별한 행사를 하더라도 교회 내에서 일정 기간 동안 해당 부서에서만 진행하는 경우가 대부분이었다. 행사를 기획하기 힘든 팬데믹 상황이었지만, 메타버스 교회학교 시스템으로 온라인과 오프라인을 연결해 진행하자 이전과는 비교할 수 없는 엄청난 결과가 나타났다. 메타버스 교회학교는 온라인과 오프라인 중 하나를 선택하는 것이 아닌, 두 사역의 균형을 유지하며 균형 있는 사역을 가능하게 한다. 이로 인해 입체적인 신앙 교육이 가능해진다.

4. 메타버스 교회학교의 확장 프로그램

방 탈출 게임(유초등부)

　메타버스 교회학교 프로그램을 기획하고 진행해 오다 보면 하나의 일과로 자리 잡아 매너리즘에 빠질 때가 있다. 온라인으로 유초등부 모임을 지속하면서 한 가지 아쉬운 것이 있었다. '온라인 사역으로 만족하다 교회당에 관한 관심이 옅어지는 것은 아닐까?', '굳이 교회당을 가지 않아도 된다고 생각하고 온라인 교회학교를 다니는 것으로 만족하지 않을까?'

　메타버스 교회학교의 핵심은 균형적인 교육이다. 온라인과 오프라인을 동시에 진행해야 효과적이다. 초등학교 학생들이 이전과 같은 방식으로 교회에 출석하기 어려운 상황이 계속 되고 있다. 지금 현재 진행 중인

프로그램으로 만족하지 않고 학생들의 교회 출석을 유도하는 방안을 만들어야 했다. 하려는 의지가 있는 사람은 결국 방법을 찾아낸다. 고민 끝에 생각해낸 것이 "방 탈출 게임"이었다.

몇 가지 단서를 가지고 방에서 탈출하는 게임은 최근 인기 있는 게임 중 하나다. 이를 응용해 학생들이 교회에 와서 단서를 찾아 미션을 풀어나가는 방식이 흥미를 주리라고 판단했다. 학생들이 교회에 오려면 무엇보다 방역 기준을 잘 지켜야 한다. 그렇게 하려면 모든 학생이 동시에 교회에 출석하는 것은 불가능했다. 학생들 개개인이 교회에 오도록 동기를 부여해야 했다. 마침 새로운 달의 시작을 앞두고 큐티 교재를 나눠 주어야 했는데, 학생들이 교회당에 와서 미션을 풀고, 마지막 미션 수행 단계에서 큐티 교재와 간식을 획득하는 것으로 콘셉트를 잡았다.

2층의 예배실, 3층의 식당과 교육관, 4층의 북카페를 최대한 활용하기로 했다. 방 탈출 게임의 주제를 "새날로 가는 내비게이션을 찾아라"로 정했다. 출애굽을 통해 '새날'이 열린다. '새날'을 살아가는 성도들에게 기준이 되는 것은 하나님의 말씀이다. 이 말씀을 현대적인 개념으로 치환해 '내비게이션'으로 설정했다. 구원받은 하나님의 자녀는 자기 생각을 내려놓고 '내비게이션'같은 말씀의 인도를 받아야 한다. 내비게이션은 우리 어린이들이 매일 만나는 '말씀 묵상'이다.

게임 방식은 다음과 같다.

1. 각 포스트(장소)를 설정하고, 그곳에서 미션지를 받아 문제를 풀고
   답을 촬영해 카톡으로 보낸다.
2. 사역자는 정답 확인 후 다음 장소를 암시하는 사진을 전송한다. 도
   움을 요청할 경우에는 힌트를 보내 준다.
3. 하나의 과제를 마치면 다음 과제로 넘어간다.

게임에서 문제를 풀면 다음 단계로 나아가는 퀘스트 개념으로 접근했
다. 학생들이 이런 방식에 익숙하기 때문이다. 전체 코스를 진행하는 데
30~40분 소요되도록 구성했다. 이를 충분히 사전에 공지하고, 필요한
물품들을 준비해 포스트를 설치했다. 학생들의 이동 경로가 겹치지 않도
록 학생들의 교회 방문 시간을 사전에 확인하고 조율했다.

토요일 오전 10시에 시작하기 위해 오전 9시부터 장소를 세팅하는데,
9시 40분쯤 되자 계단에서 총총대는 소리가 들렸다. 그 발걸음 소리를
들으니 '학생들이 조금이라도 빨리 오고 싶어했구나' 하는 생각이 들어
눈물이 났다. '오랜 시간 교회당에 오지 못한 학생들이 이렇게라도 교회
당을 찾아오는 구나' 하는 생각에 감동이 그득해졌다.

미리 도착한 학생들과 여러 이야기를 나누면서 그동안 대면으로 만나
지 못한 아쉬움을 풀었다. 이미 온라인으로 충분히 만남을 가졌기에 학
생들도 낯설어하지 않고 환하게 맞이했다. 그렇다. 이는 라이프로깅의
세계에서 충분히 교제한 결과다. 이로 인해 메타버스 교회교육의 유용성

을 재차 확인하게 되었다.

　항상 유초등부 예배를 드리던 3층에 들어선 학생들 앞에 환영 문구와 미션 수행 방법에 대한 설명서, 임무를 수행할 내용을 담은 미션지, 필기구를 준비해 두었다.

　첫 번째 과제는 QR 코드를 활용하는 것이었다. QR 코드를 찍으면 문제의 답이 있는 웹 페이지로 연결된다. 웹 페이지 안에서 정답을 확인한 후 카톡으로 보내는 것이 첫 미션이다. 학생들은 마치 자신이 게임의 주인공이 된 것처럼 진지하게 문제를 풀어 정답을 보낸다. 학생들의 미션이 시작되면 인도자는 항상 스마트폰을 주시해야 한다. 학생들이 퀘스트를 수행하면서 부딪히는 문제를 질문해 오면 즉시 안내해야 하기 때문이다. 온라인 소통은 속도가 생명이다. 학생들이 고민하는 분야를 즉시 해결해 주어야 긴장감을 잃지 않고 미션을 진행할 수 있다.

　정답을 보낸 친구에게는 다음 퀘스트의 단서를 스마트폰으로 발송해 준다. 학생들은 마치 영화 "미션 임파서블" 시리즈의 비밀 요원이라도 된 것처럼 흥미롭게 게임 속으로 들어온다. 다음 미션에 대한 단서를 사진으로 확인한 후 다음 퀘스트 장소를 찾아 또 다른 문제를 해결한다.

　두 번째 퀘스트는 출애굽기에 나와 있는 열 가지 재앙을 성경에서 찾아 읽는 것이다. (어떤 본문을 읽어야 하는지는 문제지에 제시되어 있다.) 성경 본문을 읽은 후에 열 장의 재앙 카드를 순서대로 배열한 사진을 찍어서 보내면 미션 완료다.

이렇게 방 탈출 게임을 진행하는데, 한 학생이 연락해서 교회를 안 다니는 친구와 같이 가도 되는지 물었다. 그 친구의 부모님이 허락하고 5인 미만 참여면 가능하다고 답했더니, 잠시 후에 네 명이 참가할 것이고 모두 부모님의 허락을 받았다는 연락이 왔다. 방 탈출 게임은 우리 교회 학생들을 교회당에 한 번 더 나오게 하려는 취지에서 시작되었다. 그런데 뜻하지 않게 교회를 다니지 않는 학생이 이 프로그램에 관심을 가지면서 전도의 기회로 이어졌다.

교회에 처음 온 친구들은, 의외로 큰 관심과 흥미를 느끼고 프로그램에 참여했다. 교회에 처음 나온 친구들이 문제를 풀기 위해 성경을 스스로 찾아 읽어 가면서 문제를 풀었다. 이러한 상황은 메타버스 교회교육의 특별한 열매다.

다음 퀘스트는 십계명을 읽고 자신에게 적용할 것 세 가지를 적는 것이다. 출애굽기에서 배워야 할 주요 내용을 퀘스트에 미리 배치해서 큐티를 할 때 친근하게 받아들이도록 기획한 것이다. 이 퀘스트에서 저학년 학생이 어머니와 함께 문제를 풀면서 자연스럽게 신앙 대화를 나누는 모습은 아주 훈훈한 장면이었다.

평소에는 부모가 자녀와 함께 교회에 와도 각각 다른 장소에서 예배한다. 가정에서도 신앙에 관해 대화하는 일이 익숙하지 않다. 그런데 게임을 함께 풀면서 자연스럽게 신앙 교육이 이뤄지는 기회가 되었다.

이 과정을 모두 마친 친구들은 한 장의 약도를 받는다. 마치 보물찾기를 하듯 약도를 따라가면 박스 안에 준비된 간식과 큐티 교재를 찾게 된다. 학생들은 미션을 무사히 마쳤다는 성취감에 크게 환호했다.

이런 과정이 메타버스 교회교육을 활용한 교육 프로그램이다. 온라인 프로그램만이 아니라, 현장에서 가능한 프로그램을 고안하고 진행할 때, 균형 잡힌 신앙 훈련이 가능하게 된다.

방 탈출 게임 후기 – 박미미(행복나눔교회 집사)

아이가 방 탈출 게임을 하려고 친구와 교회에 갔습니다. 교회에서 방탈출 게임을 한다고 하니 자연스럽게 친구와 함께 가서 즐거운 시간을 보냈습니다. 처음 교회에 간 친구들도 퀴즈를 풀기 위해 성경책을 찾고 자연스럽게 성경 내용을 배우며 예수님을 만난 소중한 시간이었습니다.

신앙으로 자라난 아이들은 도덕성을 가르치지 않아도 선악을 구별하며 힘든 친구를 당연히 도울 줄 알고 항상 감사하며 자라는 것 같습니다.

코로나19 때문에 모일 수 없는 환경에서 아이들이 좋아하는 내용들로 하나님을 더 많이 만날 수 있는 프로그램을 진행해 주시는 목사님에게, 이 일들을 인도하시는 하나님에게 진심으로 감사합니다.

메타버스 개학 부흥회(중고등부)

개학 부흥회는 2005년경부터 아주 효과적인 행사로 주목받으며 진행되어 왔다. 보통 신앙 수련회는 방학이 시작될 즈음에 한다. 수련회에서 청소년들은 뜨겁게 찬양하고, 말씀에 반응하고, 간절한 기도를 드리면서 은혜를 받는다. 실수하고 잘못한 행동들을 버리고, 새로운 삶을 다짐한다. 그런데 방학이 지나고 나면 마음은 다시 흐트러지고 느슨해진다. 이러한 상태로 새로운 학기를 시작하면 의미있는 생활이 불가능하다. 그래서 다시 마음을 새롭게 하는 집회를 열어 새 학기를 시작하게 하려는 의도로 개학 부흥회가 진행되었다.

하지만 비대면 시대의 개학 부흥회는 이전 방식과는 다르게 준비해야 했다. 그러면서 생각한 것이 TED 방식이었다. 각 게스트가 15분 안에 '알려야 할 가치 있는 메시지'를 전달하는 TED를 모티브로 프로그램을 기획했다.

순위	시간	프로그램	담당자
	6:30-6:45	전체 준비	정도환
	6:45-6:50	오프닝 찬양	제주경
	6:55-7:00	소개, 안내	정도환
1 R	7:00-7:15	채주연 강사	
2 R	7:15- 7:30	정성득 대표	
3 R	7:30-8:00	박혜정 & 김남주	
	8:00-8:10	Break time	
4R	8:10-8:25	김혜민 PD	
5R	8:25-8:40	김태갑 교사	
	8:40-8:50	비전 메시지	김현철
	8:55-9:00	기도회, 축도	제주경
	9:00 -	상품권 추첨	정도환

개학 부흥회는 하나님의 은혜를 받아서 성적이 좋아지게 하는 것이 아니라, 하나님이 각자에게 주신 달란트와 은사를 발견하는 시간으로 기획

했다. 그리고 새로운 학년과 학기에 그 은사를 잘 개발하도록 하나님의 은혜를 경험하자는 뜻으로 개학 부흥회의 주제를 "비전토크"로 정하고 현재 각 분야에서 그리스도의 향기로 살아가는 강사들을 섭외했다.

첫 시간을 맡은 채주연 강사는 수어로 복음을 전하는 삶을 이야기했다. 수어를 통해 할 수 있는 다양한 일들을 소개하면서 그 일들이 단지 월급을 받는 것이 아니라 복음을 증거하는 기회가 됨을 기쁘게 증거했다. 공부하는 것이 단지 명문대에 가고 안정된 직장을 얻기 위한 것이 아니라, 하나님이 각자에게 맡기신 사명을 감당하는 것임을 학생들에게 일깨웠다.

두 번째 강사는 거창에서 중장비 서비스 센터를 운영하시는 정성득 집사였다. 실업계 고등학생 시절 실습 기간에 큰 부상을 입어 진로가 불투명했지만 병원에서 예수님을 만나고 도리어 상황이 역전되는 과정을 담담하게 간증했다.

군대를 전역하고, 거창에 신입 사원으로 갔다가 새롭게 사업을 시작하여, 10만 평의 힐링타운을 일구어 가는 놀라운 과정을 토크쇼 형태로 전했다. 그는 비록 공부에는 은사가 없다 해도 결코 실망하지 말라, 하나님은 누구에게나 특별한 은사를 주셨으니 이를 발견하고 잘 준비하는 새로운 학년과 학기가 되기를 바란다고 전하며 그 자리에 있는 학생들을 축복했다.

김혜민 PD는 YTN 방송국 사옥에서 진행했다. 실제 뉴스 현장을 배경으로 하는 간증은 아주 특별한 시간이었다. 방송이라는 영역은 많은 청소년에게 선망의 대상이 되는데, 김혜민 PD는 방송계도 하나님이 다스리셔야 할 영역임을 깨우쳐 주었다. 방송 영역은 단지 눈부시고 화려한

것이 아니며, 하나의 직장으로서 복음의 향기가 필요하다는 메시지를 전했다. 방송을 통해 하나님의 역사를 이루기를 소원하는 학생들에게는 새로운 학년과 학기를 시작하게 하는 동기부여가 되었다.

김태갑 교사는 이제 곧 학생들이 돌아갈 학교 교무실에서 강의했다. 덕분에 학생들에게는 최고의 현실감과 몰입감을 주었다.

김태갑 교사는 교사로서 학교 현장에서 학생들을 만나지만, 그 학생들에게 하나님을 전하는 것이 어려운 상황임을 전제로 이야기했다. 그럼에도 언제나 학생들에게 하나님을 전하는 김태갑 교사의 간증을 통해 교사가 되려는 마음을 가진 학생들은 새롭게 공부해야 할 각오를 다지는 특별한 시간이 되었다.

피부과 의사 박혜정 원장은 치료자로서의 간증을 나누었다. 직업 안에서 항상 하나님을 향한 마음을 가지고 나아가면 하나님이 우리에게 더 큰 달란트를 주실 것이라는 귀한 메시지를 주었다. 그리고 특별 게스트로 아이돌이 함께 출연하여 연예인이라는 직업은 주일을 지키지 못하는 것이 가장 큰 단점이지만 예배의 자리를 지키려고 노력한다는 간증을 하여 예배자의 자리를 지키는 것의 중요성을 깨닫게 해 주었다.

마지막 시간은 김현철 목사의 설교로, 하나님이 우리를 만드신 목적을

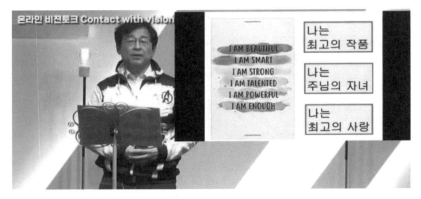

제대로 이해하고 나만의 달란트가 무엇인지 생각해 보는 시간을 가졌다.

이처럼 특별한 콘셉트의 개학 부흥회는 학생들과 교사들에게 신선한 도전을 안기고, 새롭게 시작하는 새 학년 새 학기를 기대하는 마음으로 맞이하는 계기가 되었다.

사람들은 대부분 익숙한 것에 길들여지면 새로운 것을 받아들이는 일에 주저한다. 프로그램이 얼마나 효율적인가를 생각하기보다는 프로그램을 진행하는 것에 큰 의미를 두기도 한다. 다음세대의 신앙을 책임지는 이들은 항상 고민해야 한다. 이러한 프로그램이 자신이 맡은 학생들의 심령에 얼마나 깊이 스며들고 어떤 영향을 끼치는가를 말이다. 이러한 몸부림이 메타버스 교회학교의 과제다.

메타버스 성지 순례

2021년의 종려주일과 고난주간, 부활주일이 다가오면서, 주일학교 학생들에게 좀 특별한 의미의 프로그램을 제공하고 싶었다. 팬데믹으로 해외여행이 차단된 상황에서, 해외 현지의 가이드들이 카메라로 촬영한 내

용을 공유하는 '랜선 투어'가 새로운 아이템으로 떠오른다는 뉴스에 착
안해 '랜선 성지 순례' 프로그램을 기획했다.

아래는 랜선 성지 순례를 진행한 강현석 목사의 글이다.

종려주일과 고난주간을 맞이해, 성경의 땅 이스라엘의 현장을 온택트로 소
개해 달라는 요청을 받았다. 그동안 이스라엘 현장에서 순례 팀들을 안내하
던 방식과는 완전히 다른 새로운 시도였다. 그것도 장년층이 아닌 주일학교
고학년 친구들을 대상으로 랜선 투어를 해 달라는 요청에 깊은 감동을 받았
다. 그렇게 시작된 교회학교용 "성경의 땅, 랜선 투어"는 고난주간에 맞추어
십자가의 길을 주제로 삼았다. 예루살렘 현지에 계시는 분들에게 영상자료
를 요청했다. 국내에 많이 소개된 이강근 목사님이 큰 도움을 주셨다. 십자
가의 길 14개 처소를 소개하면서 건물을 확인하는 것에 그치지 않고 성경
자체의 메시지를 나누도록 했다. 우리를 위해 십자가를 짊어지신 예수님과
동행하는 시간이 되도록 노력했다. 또한, 그 길에 함께 있었을 로마 병정들
과 종교 지도자들, 구레네 시몬, 여인들의 걸음에 집중했다.

랜선 투어 예정일이 다가오자, 여기저기서 참가 문의가 왔다. 서울, 용인, 인
천, 대구, 진주, 부산,
심지어 남아프리카공
화국에서까지 문의가
왔다. 그야말로 온택
트의 범주는 무제한이
었다. 이처럼 국내 주
일학교 어린이들을 대

상으로 한 시간이었음에도 불구하고, 전국을 넘어 세계 각처에서 연락을 주니, 지금 우리가 온택트 시대에 살고 있음을 재확인할 수 있었다. 무엇보다 교회학교를 향한 새로운 방법론과 성경의 땅을 향한 기대와 갈급함이 그만큼 크다는 생각도 했다. 감사하게도 교회 외부 분들에게는 유튜브로 참석할 기회가 허락되었다.

성경에 등장하지 않는 상점들의 기념품까지 담은 예루살렘 구시가지의 모습이 우리의 집중력을 분산시킬 수도 있었다. 하지만 팬데믹 시대이기에 관광객이 많지 않은 고즈넉함이 예수님 당시의 느낌을 조성해 주는 듯해 의외의 효과를 거둘 수 있었다. 예수님이 걸어가신 골고다 언덕길을 따라 가며 십자가 복음에 집중하려고 했다. 주님의 심정으로 걸으며 나를 위해 고통당하신 예수님만 기억하는 모습이 참여하는 학생들과 성도들에게 비추어져서 감사한 시간이었다.

특별히 랜선 투어를 마치자 다른 장소에 대한 2차 랜선 투어와 성경 공부에 대한 문의까지 들어왔다. 아마도 코로나19로 말씀에 갈급한 시절에 "성경의 땅, 랜선 투어"가 단비처럼 다가온 모양이다. 무엇보다 그 땅을 실제로 보고 함께 생각한 자체가 말씀 해갈의 수준을 넘어 새로운 세대를 향한 새로운 도전으로 인식된 모양이다. 현재 전국의 많은 곳에서 랜선 투어라는 이

름으로 다양한 시도를 하고 있다. 그러
나 우리 자녀들을 위한 '교회학교 랜
선 투어'는 행복나눔교회가 한국 최초
로 시도한 것이라고 할 수 있다.

랜선 투어 후기를 보니 참으로 다
양하고 놀라운 결과들이 있었다. 빔
프로젝터로 온 가정이 함께 모여 영
화 관람을 하듯 참가한 가정부터 여
권과 여행 가방, 여행 모자까지 준비
해 랜선 투어에 참여한 친구들에 이
르기까지, 상상치 못한 모습과 열기

에 다시 한 번 놀랐다. 그리고 이를 통해 우리 친구들은 이미 온택트 시대
에 적응을 끝냈다는 것을 깨달았다.

성지 순례 후기 – 염충현(진주 외율교회 목사)

김현철 목사님이 페이스북에 올리신 내용을 보고, 랜선 성지 순례에 대해
알게 되었다. 평소 성도들과 함께 성지 순례를 다녀오면 좋겠다는 생각을 하
던 터라 너무나도 좋은 기회였다. 교회 밴드에 공지하고 가정과 교회에서 함
께 참여했다. 특히 종려주일과 고난주간에 맞춰 예수님이 십자가에 달려 돌

아가시기까지의 이동 경로 영상을 보며 설명을 들을 수 있어 좋았다. 영상을 통해서였지만 1인칭 시점으로 주님과 함께 십자가의 길을 동행한 색다른 경험이었다. 코로나19로 예배는 물론이고 여행도 자유롭지 못한 상황에서 이렇게 새롭고도 특별한 방식의 성지 순례를 다녀왔다.

이번 랜선 성지 순례 강사님의 말씀 중에 기억이 남는 내용이 있다. '십자가의 길' 구간을 걸을 때, 순례자들에게 찬양을 하며 지나가게 하는데, 그 이유가 주변 상점이나 풍경에 시선을 빼앗기는 것을 방지하고 온전히 예수님이 보내신 고난의 시간과 예수님의 마음에 더 집중하기 위해서라는 것이었다. 내가 살아가는 동안 나의 마음과 관심이 다른 곳에 빠지지 않고 예수님에게 더 집중하며 살아야겠다고 다짐하는 귀한 시간이었다. 그동안 가지고 있던 성지 순례에 대한 생각도 조금은 바뀐 것 같다.

무엇보다 성도들과 교사들과 함께할 수 있어서 감사했다.

랜선 성지 순례뿐만 아니라 교회 사역의 많은 부분을 앞으로 하나하나 보완해 나가다 보면 모두가 "안 된다. 답이 안 보인다. 막막하다"라고 말하는 상황에서도 주님의 역사하심을 경험할 수 있지 않을까? 지금까지 살아오면서 가장 기억에 남는 종려주일이었다.

질문 6. 메타버스 교회학교 사역은 어디까지 가능한가?

"데모크라티 바겐"(Demokratie wagen)

『우리의 불행은 당연하지 않습니다』(해냄, 2020)라는 책에서 저자 김누리 교수는 아주 특이한 사실을 전한다. 1969년에 서독에서 진정한 정권 교체가 일어났다. 이를 결정짓는 선거에서 사회민주당을 지휘한 이는 빌리 브란트였다. 그는 독일의 역사를 획기적으로 바꾼 탁월한 정치인이다. 그 당시 사회민주당에 불리했던 선거를 승리로 이끈 선거 구호는 "데모크라티 바겐"(Demokratie wagen)이었다.

우리식으로 표현하면 "민주주의, 어디까지 할 수 있나?"라는 뜻이다. 즉 "민주주의, 할 수 있는 데까지 다 해 보자"[19]라는 의미의 구호였다.

이는 민주주의 역량을 극대화하는 개혁을 이루어 내겠다는 의지의 표현이었다. 인권이 존중되는 사회를 최대치까지 만들어 보자는 캠페인은 독일인의 마음을 움직였다. 이 구호는 공허한 말로 끝나지 않고 독일을 완전한 민주사회로 바꾼 동력이 되었다.

"Church Wagen"

이러한 독일의 역사를 읽으면서 나는 그런 생각이 들었다. 'Church Wagen.' '교회가 할 수 있는 것은 다 해 보자.'

코로나 사태로 인해 이전에는 상상도 못할 격변이 현재진행 중이다. 이로 인해 기존의 패러다임과는 완전히 다른 시대가 열렸다. 이러한 변화 속에서 교회가 할 수 있는 것은 가능한 한 새롭게 시도해 보아야 한다고 생각한다. 교회가 소중히 지켜 온 고백과 전통을 전제로 다양한 교회의 의의를 발현하는 노력이 필요하다.

교회의 문이 막히고 6주가 지났을 때, 그동안 만나지 못한 아이들의 가정을 찾았다. 아이들이 교회로 오지 못하니 시대와 상황을 탓하는 대신 교회가 그들에게 가서 만나고 축복하는 시간을 가졌다. 못 본 사이에 훌쩍 자란 아이들을 보니 이 아이들을 믿음으로 잘 세워 나가야겠다는 거룩한 동기부여를 받게 되었다. 아이들은 정성껏 준비한 손 편지를 주었다. 정말 아름다운 코이노니아가 성도들의 삶의 현장에서 이루어졌다. 교회에서 예배드린 후 손 들고 축복송을 부르는 교제를 넘어서 진정한 교제를 나눈다는 생각이 들었다. 성도들이 치열하게 살아가는 삶의 자리에서 나누는 인격적이고 깊은 교제가 교회의 사명이라는 생각이 들었다.

교회에 출석한 지 얼마 안 되는 한 성도는 "담임 목사님이 이렇게 아이들의 집까지 간식을 들고 와 주셔서 너무 감동"이라며 만나는 사람마다 행복나눔교회 자랑을 많이 했다고 한다. Church Wagen. 교회가 할 수 있는 것은 다 해 보자!

하나님의 계시 가운데 만들어진 성막과 법궤는 고정형이 아닌 이동형이었다. 그러므로 교회는 고정되어 있지 않고 지속적으로 움직여야 한다. 각 시대적 특성에서 교회에게 요구하는 상황들을 적극적으로 수용해야 한다.

2020년 12월에 필리핀 선교사의 자녀를 위한 MK 수련회에서 말씀을 전했다. 수련회를 마치고 선교사들과 자유 토론을 이어 갔다. 필리핀에서 선교사로 섬기면서 겪는 힘든 상황과 기도 제목을 나누었다.

이전 같으면 많은 비용과 시간을 들여야 가능한 집회였다. 비행기를

타고 필리핀으로 가야 했고, 필리핀에서도 숙소와 집회 장소를 준비해야 했으며, 이 모든 과정에는 막대한 경비가 필요했다. 하지만 이제는 일상 중에서 서로 만나

고 교제하며, 집회를 여는 일이 가능하다.

이처럼 메타버스 교회교육은 국내의 개체 교회에만 국한되지 않는다. 온라인으로 연결되기만 하면 시간과 공간의 한계를 뛰어넘어 복음으로 만날 수 있다. 이러한 장점을 최대한 활용하면 진정한 공동체로서의 교회를 누릴 수 있다.

질문 7. 메타버스 사역은 미래 세대만의 전유물인가?

메타버스를 활용한 사역은 교육 기관에만 해당하는 것은 아니다. 메타버스 활용법은 일반 성도들에게도 충분히 적용이 가능하다. 2020년 부활주일은 코로나 상황으로 인해 이전과는 완전히 다른 상황에서 예배를 드려야 했다. 성금요일의 예배도 드리기가 어려운 상황이었기에, 성찬식도 예년처럼 진행할 수 없었다. 성찬은 교회의 공동체성을 확인하는 중요한 예전이기에 생략하기가 어려웠다. 이 문제를 풀기 위한 다양한 해법을 찾던 중, 드라이브 스루를 통한 애찬식의 아이디어를 떠올렸다.

성도들의 가정을 취합해 크게 4개의 권역으로 나누고, 각 가정의 위치를 기반으로 동선을 잡았다. 사전 광고로 모집한 자원봉사자들이 각 가정 단위로 포장한 애찬식 키트를 성도들의 집으로 배송했다. 애찬식 키트에는 애찬식 순서지와 애찬식용 빵과 포도주스, 부활절 달걀을 담았다. 시국이 엄중해서 개별 포장으로 준비했다. 준비 용품은 방역 기준을 지키면서 유초등부 교사들이 배달해 주었다. 각 가정에서는 배달된 애찬식 키트를 준비하고 애찬식 순서에 따라 애찬식을 진행했다.

이러한 내용을 담은 사진과 설명을 교회 밴드에 올리도록 하고, 댓글을 통해 서로 교제하면서 교회의 공동체성을 다시금 확인하는 계기를 만들었다. 그렇다. 메타버스를 통해 성도가 교회성을 회복하는 것은 얼마든지 가능하다.

질문 8. 메타버스 교회교육은 은혜가 되는가?

안양제일교회에서 온라인으로 중고등부 수련회를 진행해 달라는 요청을 받았다. 그 수련회는 금요일 철야 집회에 이루어졌다. 코로나19 확산이 주춤한 상태여서 현장 예배가 어느 정도 가능해진 상태였다. 그럼에도 학생들은 온라인으로 수련회에 참석하고, 교회 현장에서는 일반 성도들이 철야 기도회에 참석한다고 했다. 이 교회는 역사가 깊은 교회였기에 금요 철야 기도회에는 연세가 높으신 성도가 많이 온다고 했다.

찬양이 끝나고 강단에 섰을 때, 회중석에는 일반 성도들이 자리를 채웠다. 청소년 대상 집회 설교는 학생들 눈높이에 맞춘 언어와 예화들을 사용하고, 진행 방식도 전통적인 설교와는 다르다. 설교를 시작하기 전

에 예배당에 앉은 성도들에게 양해를 구했다. "오늘 설교는 중고등부 온라인 수련회에 설교 초점을 맞추었습니다. 성도님들은 청소년들의 문화로 설교하는 것을 널리 양해해 주시기 바랍니다."

그리고 청소년 집회를 하듯 시작했다.

"I say '할렐루야', You say '아멘'. '할렐루야!'"

이 멘트는 중고등부 집회를 시작하면서 즐겨하는 멘트인데, 설교자가 "할렐루야" 하면, 학생들은 "아멘"으로 화답하여 공연장의 분위기를 내는 기법이다. 평상시 집회 같으면 청중이 원기왕성하게 "아멘"으로 화답했을 텐데 이번에는 예상대로 청중석에서 별다른 반응이 나오지 않았다. 하지만 나중에 학생들이 모니터를 보면서 참여하다가, 자기도 모르게 "아멘" 했다는 이야기를 들었다.

청소년을 위해 준비한 설교를 마치고 난 이후에, 별도의 장소를 준비해 온라인상에서 학생들과 담당 목회자들이 소통했다. 학생들이 수련회를

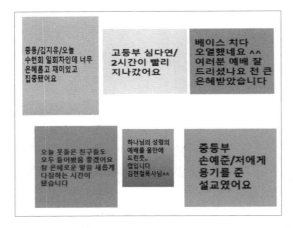

참가하면서 느낀 점을 문자나 카톡으로 보내오면, 그 내용이 뒤에 설치된 전자 칠판 화면에 나타났다. 온라인으로 설교를 듣고 기도를 한 학생들이 저마다의 소견을 보내왔다. 나도 역시 온라인으로 설교를 들은 학생들이 어떤 반응을 보일지 궁금했다. 교회 현장에서는 일반 성도들이 참여했기에, 모니터 건너편의 학생들은 어떤 반응을 보일지 더 궁금했다.

온라인으로 수련회에 참여한 학생들이 보내온 후기를 보면서 이런 한계 속에서도 하나님이 역사하심을 깊이 깨닫게 되었다. 그렇다. 하나님이 부으신 은혜의 강물을 막을 그 어떤 것도 이 땅에 존재하지 않는다. 온라인을 통해서도 하나님의 영광은 전해진다. 분명히 전해진다. 그러므로 메타버스 교회학교는 당연히 하나님의 은혜를 전하는 하나님의 도구로 쓰인다.

우리에게 가장 필요한 것은 스마트폰 성경의 희미한 푸른빛 가운데서 보이지 않는 그리스도의 영광을 보는 것이다.[20]

PART 3

메타버스 교회학교의
장점과 보완점

Metaverse Church School

1. 메타버스 교회학교의 유익은 무엇인가?

스마트폰을 사용하다가 문득 이런 생각이 들었다.

'스마트폰이 없을 때 우리는 어떻게 살았지?'

그런 생각이 들 때면 지금까지의 통신 시스템의 변천이 뇌리를 스친다.

다이얼 전화기(1970년대) – 버튼식 전화기(1980) – 호출기(1990초) –

PCS(1990후반) – 스마트폰 초기(2005년) – 스마트폰 전성기(2007년 이후)

　부산에서 전도사로 활동하던 1992년, 처음 컴퓨터를 구입하면서 엄청난 비용을 지불했다. 사례비 6개월 치를 모아 구입한 컴퓨터가 MS_DOS로 운영되던 386 DX였고, 하드 디스크의 용량은 자그마치 102Mb였다. 컴퓨터를 구입하던 날, 컴퓨터를 설치해 주는 기사에게 질문했다.

"이 컴퓨터의 용량은 어느 정도 되나요?" 그때 기사가 빙긋이 웃으면서 자신만만하게 한 말을 잊을 수 없다. "전도사님이 평생 사용해도 이걸 다 채우지는 못할 겁니다."

이전에는 인쇄소를 통해서라야만 얻을 수 있던 활자화된 내 글을 컴퓨터로 입력하고 프린트로 출력하면서 얼마나 황홀했는지 모른다. 교회에서 주보를 제작하면서 컴퓨터의 팩스 기능을 사용할 때는 몹시 흥분했다. 주보 원고를 제작해서 팩스로 보내고 나면, 마치 미래를 사는 기분이 들었다. 이전 같으면 전화를 걸어서 주보 원고를 불러 주어야 하는데, 이 과정에서 오타가 많이 생겨서 주보 원고를 인쇄소로 직접 가져다주어야 했기 때문이다. 하지만, 컴퓨터와 팩스의 기능은 그러한 번거로움을 한번에 해결했다.

메타버스 교회교육은 성경의 정보를 주입하거나 교회학교 행사를 진행하고 학생들이 단순히 참여하는 것만으로 끝나지 않는다. 학생들이 실제로 겪는 문제를 풀어가는 메타버스 시스템을 소통의 장으로 활용한다. 온라인으로 주일학교 예배를 드리며 줌을 통해 성경 공부와 제자반을 운영하고, 학생들이 직접 체험할 수 있는 다양한 프로그램을 진행한다. 모든 것이 차단되는 상황에서 교회와 교회학교가 메타버스 시스템으로 역동적으로 활동하는 것을 학생들이 경험하면서, 교회의 가치와 능력을 체험한다. 이처럼 교회에서 메타버스 시스템으로 훈련된 학생들은 앞으로 변화될 메타버스 시대의 주역이 될 것이다. 메타버스 시대를 그 누구보다 효과적으로 적응하며, 메타버스 시대에 필요한 능력을 발휘하고, 새로운 기준을 세우게 될 것이다. 이는 메타버스 세계가 성경의 가치관과 세계관에 근거해 작동되는 결과로 이어진다. 디지털 애굽과 디지털 바벨론에서 메타버스 요셉과 디지털 다니엘로 살아가야 하는 다음세대를 효과적으로 훈련시키는 사명은 메타버스 교회학교를 강력하게 구동시키는 교회의 책임이다.

교회와 학생들의 연결고리를 확인한다

우주 유영을 할 때 우주선 본체와 유영인은 반드시 연결되어야 한다. 우주선과 연결되어 있어야 우주인이 생존에 필요한 것을 공급받고, 구체적인 작업 내용을 지시받을 수 있다. 우주선과 연결된 비행사는 센터의 동료들과 스몰토크를 통해서 부담감과 두려움을 줄이고 안정적으로 작업할 수 있다. 영화 "그래비티"(미국, 2013)에서는 우주를 유영 중이던 비행사가 불의의 사고로 우주선과 연결한 선이 끊어져 우주 미아가 되는 광경을 실감나게 묘사한다. 암흑뿐인 우주 공간 속으로 우주 비행사가 사라지는 것은 엄청난 공포였다.

코로나 팬데믹으로 인해 학생들은 물리적으로는 학교를 갈 수 없게 되었고, 친구들과의 만남이 끊어졌다. 그러나 학생들은 온라인으로 학교 수업을 이어 가며, 친구들과 소통했다. 자기가 원하는 것은 온라인으로 구입하고, 자기가 보고 싶은 TV 프로그램이나 동영상은 OTT나 유튜브로 시청했다. 다소 제한적이기는 하지만 일상생활을 영위하는 데 큰 어려움은 없었다.

사람들이 메타버스 안에서 콘서트를 하고, 공부를 하고, 회의도 했습니다. 만일 그런 일을 가능하게 했던 메타버스가 없었더라면 코로나19 상황에서

우리의 삶은 더 희미해졌을 것입니다.[21]

팬데믹이 확산되면서 교회에 출석할 수 없어, 많은 이가 교회와는 단절되는 상황을 맞이했다. 교회학교 학생들을 위한 특별한 프로그램을 준비하지 못한 교회에서는, 주일 오전 11시에 일반 성도들과 함께 온라인 예배를 드리는 것으로 만족해야 했다. 디지털 문화에 익숙한 학생들에게 변화가 없는 카메라 워크와 단조로운 패턴의 설교 중계방송은 지루한 시간이었다. 코로나19가 끝나기만을 교회학교가 기다리고 있는 와중에 학생들은 교회와 점점 멀어지고, 결국은 교회의 미아가 되어 버릴 수 있다.

메타버스 교회학교는 가능한 모든 수단을 총동원해 학생들과 접촉하고자 한다. 하늘 보좌에 계시던 주님은 죄와 사망 속에 허우적거리던 우리를 건지기 위해 이 땅에 오셨다. 이러한 성육신이 메타버스의 원리다. 잃어버린 양을 찾는 목자의 심정으로 만나지 못하는 영혼을 만날 수 있도록, 모든 수단과 방법을 총동원하는 것이 메타버스 교회교육의 핵심이다.

우리는 연결되지 않으면 안 되는 시대를 살고 있다. 소셜 네트워크 서비스를 통해 사람과 사람이 더 긴밀하게 연결된다.[22]

메타버스 교회학교의 원동력은 사랑이다. 학생들을 사랑한다면 만날 수 없는 상황만 탓하지 않고 그들을 만날 방법을 찾아야 한다.

교회의 가치와 불멸성, 작동성을 일깨운다

우리의 믿음은 이론이나 덕담이 아니라 살아서 움직이는 역동성의 생명이다. 우리의 믿음은 그 어떤 환난과 시련을 넉넉히 이긴다.

"무릇 하나님께로부터 난 자마다 세상을 이기느니라 세상을 이기는 승리는 이것이니 우리의 믿음이니라"(요1 5:4).

믿음의 영웅들은 그 어떤 상황에서도 패배하지 않고 마침내 이겼다. 그 어떤 강력한 제국의 위협과 도전에도 굴하지 않고 도전을 이겨 냈다.

"그들은 믿음으로 나라들을 이기기도 하며"(히 11:33).

우리의 신앙은 이론이 아니라 실제적인 능력이며, 과거의 전설이 아닌 현실에서 구체적으로 펼쳐지는 살아 있는 능력이다. 예수님도, 예수님이 행하신 모든 능력을 제자들도 넉넉히 감당할 것이라고 말씀하셨다.

"내가 진실로 진실로 너희에게 이르노니 나를 믿는 자는 내가 하는 일을 그도 할 것이요 또한 그보다 큰 일도 하리니"(요 14:12).

코로나19 충격으로 인해 일상이 멈추었지만, 교회는 결단코 멈추지 않는다. 교회는 역사상 많은 환난과 핍박을 받아 왔지만 결코 중단되지 않았다. 코로나19로 인해 교회 현장에서의 예배만 멈추었을 뿐, 교회는 중단되지 않았다. 이를 풍자한 그림 하나가 깊은 감동을 주었다. 사탄은 코로나19를 동원해 하나님의 교회를 모두 닫아 버렸다고 자부한다. 그러나 하나님은 오히려 코로나19 때 모든 가정마다 교회를 여셨다고 말씀하신다. 그렇다. 초대교회는 가정에서 시작되었기에, 어쩌면 우리는 지금 처음으로 돌아간 것이라고 할 수 있다.

어떤 상황에서도 교회는 멈추지 않는다. 마찬가지로 교회학교도 멈추지 않는다. 아니 멈추어져서도 안 된다. 하나님은 여호와 이레의 하나님이시기에 항상 모든 문제의 해결 방법을 사전에 준비해 놓으신다. 하지만 그 해법은 자동으로 오는 것이 아니라, 우리가 적극적으로 찾아내어야 한다. 그러므로 메타버스 교회학교는 중요한 의미를 가진다. 모든 일상이 멈춘 상황이지만 교회는 여전히 살아 있으며, 교회학교도 여전히 건재함을 보여 주어야 한다. 예상치 못한 상황이 닥쳤지만, 하나님은 여전히 이 상황을 통치하고 계시며, 교회학교는 그 하나님의 역사를 성실히 감당함을 보여 주어야 한다.

"그들을 주신 내 아버지는 만물보다 크시매 아무도 아버지 손에서 빼앗을 수 없느니라"(요 10:29).

메타버스 교회학교를 통해 학생들은 여전히 하나님을 예배하고 영적으로 성숙해 가면서, 삶에서 다양한 문제를 만날 때에도 새로운 해법들을 찾게 될 것이다. 그 구체적인 증거들을 메타버스 교회학교에서 경험하게 해야 한다.

휴먼 터치를 가능하게 한다

영화 "캐스트 어웨이"(미국, 2000)에서 무인도에 표류한 주인공 척 놀랜드(톰 행크스 분)는 생존을 위해 엄청난 노력을 한다. 수많은 위기와 고비를 넘기고 마침내 생활에 문제가 없을 만큼 환경을 조성한다.

척은 섬에 표류한 지 4년 만에 떠내려 온 알루미늄 판자를 이용해 그 섬을 탈출하려고 한다. 사랑하는 여자 친구 캘리 프레이스(헬렌 헌트 분)를 만나기 위해서다. 탈출 방법을 골똘히 연구하던 그는 자기를 지켜 주던 섬을 떠나 어떤 일이 벌어질지 모를 바다로 출발한다. 그렇다. 진정으로 사랑하면 수단과 방법을 가리지 않고 만나려고 한다.

사람은 모든 것이 완벽한 상황에서도 홀로 존재하는 것을 감당하지 못한다. 사람을 만드신 이는 하나님이시기에, 삼위일체 하나님에게서 온 사람에게는 공동체의 교제가 반드시 채워져야 한다. 모든 것이 갖추어진 에덴동산에서 아담은 부족함이 없었다. 그럼에도 이는 완전한 것이 아니었다.

"여호와 하나님이 이르시되 사람이 혼자 사는 것이 좋지 아니하니 내가 그를 위하여 돕는 배필을 지으리라 하시니라"(창 2:18).

이를 긍휼히 여기신 하나님은 하와를 만들어 주셨다. 하나님 나라는 공동체다. 폴 트루니에는 이렇게 말했다. "혼자서는 할 수 없는 것이 둘 있다. 하나는 결혼이고 또 하나는 그리스도인이 되는 것이다." 그리스도인이 된다는 것은 공동체에 속하게 된다는 것이다. 진정한 교회는 건물이 아니라, 서로 완전히 다른 성도들이 그리스도의 사랑으로 하나 됨을 이루어 가는 것이다.

메타버스 교회교육은 이러한 공동체의 교제를 가능하게 한다. 앞에서 언급한 영화 "캐스트 어웨이"에서 주인공이 혼자 살기에 족한 환경을 가꾸고도 외로움을 견디지 못해 피 묻은 배구공을 '윌슨'이라 부르며 인격체처럼 대한다. 섬을 탈출하는 과정에서 배구공이 파도에 쓸려 가자 떠내려가는 배구공을 향해 "윌슨!"이라고 울부짖는 주인공의 모습은 공동체성을 가진 인간의 모습을 여실히 보여 준다.

다양한 SNS를 통해 사람들이 끊임없이 갈구하는 것은 공동체적인 교제다. 하지만 아무리 많은 팔로워와 엄청난 구독자가 있다고 해도, 하나님과 하나님의 형상을 품은 성도들과의 만남을 대체할 수는 없다. 그러므로 다양한 방식으로 성도의 교제를 가능하게 하는 메타버스 교회교육의 중요성은 더욱 증대된다.

가정이 교회가 된다

코로나 팬데믹이 지속되면서 집안에서 머무는 시간이 급속도로 증가했다. 이전에는 아침에 대부분의 식구가 집을 떠났다. 학교로, 직장으로, 혹은 다른 업무로 집을 비우고, 밤늦은 시간에야 가족들이 한 사람씩 귀가했다. 그러나 코로나 팬데믹으로 인해 온라인 수업과 재택근무가 강제적으로 진행되면서, 가정이 학교가 되고 사무실이 되는 진풍경이 벌어졌다. 팬데믹 현상이 심화되면서 밖으로 운동을 하러 갈 수도 없기에 가정에서 홈 트레이닝을 하고, 극장에도 갈 수가 없으니 가정에서 영화를 보는 상황이 벌어졌다.

사람들은 비록 가족일지라도 동일한 공간에서 함께 머무는 시간이 길어지면 갈등이 일어나고 충돌하기 마련이다. 2021년 3월 16일자 「한국경제신문」은, 법률구조법인 한국가정법률상담소가 밝힌 자료에 따르면 2020년도의 전체 면접 상담 중 이혼 상담이 차지하는 비율이 29.0%로 집계됐다고 밝혔다. 이는 2018년(22.4%)과 2019년(25.3%)보다 크게 오른 수치다. 이러한 현상에 대해 상담소 측은 "성격 차이나 경제 갈등 등 부부간 잠재돼 있던 문제들이 코로나19로 봇물 터지듯 터진 것 같다"라고 설명했다. 홍익대 건축학과 유현준 교수는 이와 같은 상황에서는 집의 면적이 최소한 160%는 증가해야 이러한 문제점을 다소 해소할 수 있다고 전망했다. 메타버스 교회학교는 이러한 상황을, 부모들이 생활 속에서 자녀들의 신앙을 지도할 수 있는 물리적 환경이 조성되었다고 보아야 한다.[23]

메타버스 교회교육은 이러한 팬데믹 시대의 가정 내 갈등을 해소하는 데 아주 큰 도움을 줄 수 있다. 메타버스 교회교육에서 제공하는 콘텐츠는 학생들에게만 해당하는 것이 아니다. 학생이 메타버스 교회교육에 참여하는 동안 가족들은 이에 집중할 수밖에 없다. 2020년 여름성경학교는 가족도 함께할 수 있는 프로그램을 진행했다. 가족과 함께하는 레크리에이션으로 온 가족 운동회가 열렸다. 가정별로 기상천외한 프로그램들을 함께하면서 하나 되어 기뻐하고 즐거워했다. 성경 내용으로 만들기 활동을 할 때는 부모, 형제, 자매가 함께 거들면서 천국이 임하는 기쁨을 누렸다.

가정은 학생과 부모에게 복음의 사각지대가 되고는 했다. 교회를 다녀오면 마치 학교나 학원을 다녀온 듯 숙제와 업무를 마치는 기분이 들었다. 교회 가방을 책상에 얹어 두고 다음 주일에 교회 갈 때까지는 손대지 않았다. 가정은 철저히 쉬고 충전하는, 혹은 게임을 하는 해방구로 생각을 했다. 가정예배를 착실히 드리는 가정도 있지만, 인기 있는 드라마나 TV 예능 프로그램을 같이 보는 것이 일상인 가정도 많았다. 그렇지 않으면 학생이 집에 들어서자마자 자기 방으로 들어가서는 식사 시간 외에는 나오지 않기도 한다. 식사할 때에도 스마트폰에서 눈을 떼지 않고 대화가 끊어진 경우가 허다하다.

메타버스 교회교육을 실시하면 가정에 찬양이 울려 퍼지고 말씀이 선포되는 놀라운 일들이 일어난다. 이처럼 메타버스 교회학교는 가정 안에서 발생할 수 있는 갈등을 줄여 준다. 메타버스 교회학교를 실행하는 교회마다 이러한 간증이 많이 나타나고 있다.

신앙의 일상화가 이루어진다

'선데이 크리스천'(Sunday-Christian)이 아니라 '에브리데이 크리스천'(Everyday-Christian), '처치 크리스천'(Church-Christian)이 아닌 '전천후 크리스천'(Multi-Christian)을 꿈꾼다.

메타버스 교회학교의 큰 유익 중 하나는 한국 교회의 이원성을 극복하는 것이다.

교회는 주일에만 가는 곳이 아니다. 우리는 평일에도 교회로 살아야한다. 그럼에도 주일에 주일학교에 참석하는 것이 신앙생활에서 일상이된다. 주일 모임 시간에만 교회에 머물고 그 외의 시간에 신앙생활에 연결되지 않으면 신앙에 이분법이 생긴다.

우리의 자녀들이 주일 모임에만 교회에 참석하는 아이들과 다른 점이 없다면 넌크리스천과의 차이점은 식사 기도가 유일할 것이다.

기독교 신앙은 단지 위로를 받거나 자기 힘으로 하기에 버거운 일을 해결할 힘을 빌리는 수준에 그쳐서는 안 된다. 살아 있는 모든 순간을 기독교 세계관으로 판단하고 살아가야 한다. 이러한 복음의 가치는 먼저 각 가정 안에서 이루어져야 한다. 메타버스 교회교육은 이러한 사명을 일깨우고 실현해 준다.

기독교 교육은 우선적으로 가정에 주어진 것이다[24]

이전에는 고난주간에 '미디어 금식' 캠페인을 했다. 세상의 오락을 끊고 복음에 집중하자는 취지의 사역이었다. 코로나 이후 스마트폰은 새로운 세대에 신체 일부로 여겨질 정도로 밀접한 도구가 되었다. 최재붕 교수의 『포노 사피엔스』(쌤앤파커스, 2019)에 따르면, 학생들에게 스마트폰은 오장육부를 넘어선 오장칠부에 해당하는 도구가 되었다. 스마트폰으로 학생들은 세상의 다양한 세계와 연결된다. 물론 고난주간이 아니어도 크리스천은 불건전한 매체나 영상물에 접근해서는 안 된다. 하지만 교회는 그러한 요소를 금하는 것으로 끝나지 않고, 오히려 적극적으로 복음을 알고 경험하도록 미디어를 활용할 필요가 있다. 주일학교 학생들과 교사들이 미디어로 복음의 영향력을 나누는 것이 경건에 유익하지 않을까?

기독교 신앙으로 살아간다는 것은 자칫 위험할 수 있는 영역을 금단의 지역으로 정하고 금지하는 것이 아니라, 오히려 그 영역을 복음으로 변화시키는 것이 아닐까?

메타버스 교회교육은 적극적으로 복음의 영향력을 확장하는 중요한 기능을 담당한다.

시간과 공간의 한계를 넘는다

메타버스 교회학교의 가장 큰 이점은 시간과 공간의 한계를 초월한다는 것이다. 개학 부흥회의 새로운 모델을 찾던 중 '비전토크'를 하게 되었다. '찬양 - 말씀 - 기도회'라는 전형적인 구조를 벗어나 특별한 콘셉트의 행사였다. 순서 중에 거창에 사는 정성득 집사의 순서가 있었다. 정 집사의 인생 이야기가 학생들에게 큰 도전이 될 것 같아 강사로 섭외했다. 그런데 문제는 정성득 집사가 온라인 문화에 익숙하지 않다는 것이었다. 또한, 자기의 삶을 나누는 강의에 큰 부담을 느끼고 있다고 밝혀, 내가 주도적으로 진행하고 질문을 할 테니 대답만 하면 된다고 안심시켰다.

그런데 일정을 체크하는 과정에 착오가 생겨, 그 집회일에 내가 용인에서 다른 집회를 인도해야 한다는 것을 뒤늦게 알았다. 이미 두 행사 모두 상당 부분 준비를 마쳤기 때문에 취소하기가 곤란했다. 이전에는 이런 경우 무조건 한 행사를 취소해야 했다. 그런데 메타버스 교회학교 시스템으로는 별 무리 없이 두 프로그램 모두 정상적으로 소화할 수 있었다.

비전토크의 본부는 창원의 헤븐인교회였으며, 강사인 정성득 집사는 거창에 있었다. 게다가 나는 용인에서 집회 설교를 기다리고 있었다. 하지만 운영 팀이 여러 차례 온라인 행사를 진행한 경험이 있기 때문에 안심할 수 있었다.

창원에서는 이미 차곡차곡 리허설을 하면서 진행 과정에 돌입했다. 용인 집회의 찬양 시간에 나는 거창의 정성득 집사와 연락을 하고 최종 내용을 확인한 후, 창원 본부에서 진행하는 비전토크 현장에 접속했다. 첫 시간의 뒤를 이어 내가 자연스럽게 마이크를 넘겨받아 정성득 집사를 소개했다. 그리고 정성득 집사는 자신의 스토리를 이어 갔다. 그런데 총 15분의 시간 중 3분의 1이 지나도 어린 시절 이야기에서 나아가지 못했다. 그 순간 약속한 대로 내가 마이크를 잡고, 고등학교 때 사고를 당하고 난 후 병원에서 하나님을 만난 이야기를 들려 달라고 했다. 그제야 거창의 정 집사는 고등학교 실습 시간에 다쳐 병원에 입원해 있을 때 하나님을 만난 이야기를 전했다. 그 이야기가 조금 길어지는 것 같아 군대에서 경험한 하나님에 대해 이야기해 달라고 요청했다. 그 이야기가 끝나면서 취업 과정과 창업에 관해 질문했고, 정 집사는 차곡차곡 답변했다. 애초 약속한 시간에서 2분을 초과했지만 무리 없이 잘 마무리했다. 그리고 나는 용인에서의 집회를 위해 집회장으로 향했다. 비전토크에 대한 후기는 기대 이상이었다.

메타버스 교회학교의 이러한 장점을 최대한 발휘하면 놀라운 사역의 확장이 일어날 수 있다. 프로그램 진행자나 프로그램에 참여하는 모든 이가 시간과 공간의 제약을 받지 않는다. 그로 인해 사역과 프로그램은 더욱 풍성해진다. 이러한 메타버스 교회교육의 특성을 잘 활용하는 것이 그 무엇보다 중요하다.

참석하지 못한 아이들이 영상에 다시 접속할 수 있다

2021년 고난주간의 특별새벽기도회는 온라인과 오프라인을 병행했다. 새벽 5시 30분, 교회 현장에서는 방역 기준을 준수하여 특별새벽기도회를 열었다. 동시에 유튜브로 새벽기도회를 라이브로 방송했다. 먼거리에서 교회까지 출석하기 힘든 성도들을 위한 배려였다. 교재를 만들 때도 출석 체크표를 현장 출석과 온라인 출석으로 나누었다.

특별새벽기도회에 참석하는 방법은 한 가지가 더 있었다. 유튜브에 올린 그 날의 새벽기도회 예배 실황을 퇴근 후에 동영상으로 시청하며 참여하는 것이다. 일부 성도와 학생들이 저녁에 참석하는 새벽기도회를 사진 등으로 인증해 왔다. 그 사진을 보면서 메타버스 교회학교가 가진 커다란 장점을 실감했다.

전도사로 섬기던 시절, 교회에 부흥회가 있었는데, 새벽 집회에 참석하지 못했다. 알람을 맞추어 놓고 잠을 잤는데 무슨 일인지 알람이 울리지 않은 것이다. 그것도 이틀 연속 그런 일이 일어났다. 전도사로서 얼마나 부끄러웠는지 모른다. 하지만 새벽 시간에 선포된 말씀을 듣지 못한 아쉬움이 더 컸다. 메타버스 교회학교 프로그램을 진행하면 이 문제를 상당 부분 보완할 수 있다.

교회교육은 1주일에 한 번 모이는 식으로 진행된다. 그런데 한 번 결석하면 교회에 14일 만에 오는 것이 된다. 교회에 한 번 결석하면 그 다음에 교회 오는 것이 굉장히 낯설어진다. 교회교육은 필터와 같다. 주중에 흡수한 세속 문화를 교회교육이 걸러내는 것이다. 에어컨 필터를 정기적으로 청소하지 않으면 건강에 문제가 생기듯, 교회교육은 학생들의 영적 건강을 위해 영적 필터 역할을 해야 한다. 메타버스 교회교육의 스트리밍 서비스는 그 필터 기능을 더욱 충실하게 해 준다.

디지털 문화에 익숙한 학생들은 스트리밍으로 TV 프로그램을 다시 보기 하는 것에 어려움이 없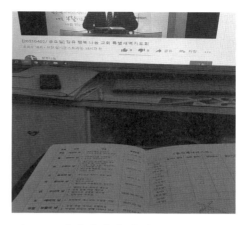
다. 이전 아날로그 세대는
한 번 지나간 방송은 재방송
을 해도 제때 보기가 어렵다.
1995년도에 시청률이 74%
까지 나왔던 드라마 "모래시
계"는 '귀가 시계'라고 불릴
정도로 사람들의 귀가를 앞

당겼다. 하지만 디지털 문화가 급속도로 성장하면서 인기 있는 드라마는
실시간으로 시청하기보다 종영된 후 한꺼번에 몰아서 보는 경우가 점차
많아지고 있다. 이러한 시대 변화에 따라 메타버스 교회학교에서 스트리
밍하는, 교육 기관의 예배와 교육 과정은 교육의 공백을 최소화하는 데
큰 도움을 주고 있다. 어떤 성도들은 이미 예배 시간에 선포한 설교를 유
튜브로 찾아 몇 번이고 다시 들으면서 큰 힘을 얻는다고 한다. 메타버스
교회학교의 이런 장점을 적극적으로 활용해야 한다.

학생들은 이미 메타버스 문화에 익숙하다

영화 "써로게이트"(미국, 2009)에서는 미래의 극단적인 비대면 사회를
보여 준다. 집안에서 아바타 로봇에 접속해 대신 업무를 보게 한다. 이러
한 비현실적인 설정은 2020년에 확산된 코로나 팬데믹으로 인해 현실
화되었다. 온라인 수업과 재택근무, 온라인을 기반으로 한 택배 문화는
초창기의 낯섦을 극복하고, 상식이 되어 가고 있다. 태어나자마자 디지

털 문화 속에서 자라 온 Z세대는 메타버스 문화에 익숙하다. 이들은 오히려 아날로그 문화를 낯설어한다. 한글도 제대로 알지 못하는 어린아이들도 스마트폰을 쉽게 조작하는 경우를 우리 주변에서 자주 본다. 이처럼 학생들은 이미 준비가 되어 있다.

'재택근무'라는 용어는, 앨빈 토플러가 1980년도에 쓴 『제3의 물결』에 나온다. 그는 지식 근로자들이 자기 집에서 컴퓨터와 통신 장비 등을 이용해 일하는 새로운 네트워크를 만들 수 있다고 예견했다.[25]

농경사회에서 기성세대는 다음세대의 스승이었다. 언제 씨앗을 뿌리고 물을 주는지, 농작물을 어떻게 관리하는지, 기상 상태가 어떻게 변화되는지 잘 아는 기성세대는 지혜의 근원이 되었다. 기술사회가 되면서 기술을 가진 사람이 초보자들의 멘토가 되었다. 오랜 시간에 걸쳐 자신이 연마한 기술력을 전수하는 사수는 기술을 배우는 부사수들에게 절대적인 영향을 끼쳤다. 하지만 정보화 사회에서는 기성세대가 정보를 잘 다루는 젊은 세대에게 배우는 현상이 발생했다. 특히 메타버스 사회에서는 디지털 기기를 능수능란하게 다루는 다음세대에 기성세대가 제대로 적응하지 못한다.

소셜 네트워크 시스템을 활용하는 패턴이 세대마다 다르다. 페이스북을 주로 사용하는 이들은 기성세대이고, 인스타그램은 주로 젊은 세대가 활용하며, 어린 세대는 틱톡을 주로 이용한다.

기업체에서는 그 회사의 주된 소비층에 맞는 SNS 홍보에 주력한다. 어린 세대에 필요한 제품은 페이스북보다 틱톡에 광고하는 것이 훨씬 효과적이다. 기성세대에 어필할 제품은 틱톡보다 페이스북에 홍보하는 것이 유리하다.

교사들과 목회자들은 아날로그 시대에 신앙 교육을 받았기에 아날로그 스타일이 더 익숙하다. 하지만 다음세대는 스마트 문화에 대한 이해가 더 수월하다. 그러므로 메타버스 교회학교에서는 사용자에게 수월한 콘텐츠가 아닌, 교육의 주된 수용자인 학생들에게 맞는 형태로 준비해야 효과를 볼 수 있다. 교사들이 메타버스 교회학교의 프로그램을 들으면 반신반의한다. 그러나 그 프로그램의 효과를 보면 아주 놀라워한다. 교육의 주체는 교사가 되어야 하지만, 교육의 주된 대상은 학생들이다. 그러므로 메타버스 교회학교가 추구하는 디지털 세대 중심의 교과 과정을 수립하는 것은 메타버스 교회학교의 핵심 과제가 되어야 한다.

학생들이 능동적으로 참여한다

교육에서 참여의 중요성은 아무리 강조해도 지나치지 않다. 교육에서 가장 좋지 못한 것이 주입식이다. 물론 주입식 교육이 좋은 효과를 거두기도 한다. 하지만 학생들이 주도적으로 참여한다면 교육의 효과는 더욱 커질 수밖에 없다. 오프라인에서의 능동적 참여는 특정 학생들의 주도로 이루어진다. 성경에 대해 질문하면 성경에 대해 많이 아는 학생이 대답한다. 한 학생이 정답을 말해 버리면, 그것으로 그 질문의 효력이 끝난다. 하지만 메타버스 교회학교 프로그램은 한 질문에 여러 학생이 동시에 대답하는 것이 가능하다. 채팅이나 카톡을 통해서 정답을 맞히도록 유도하면 여러 학생이 참여하게 된다. 누구나 대답할 수 있는 질문을 던지면, 그 질문에 참여한 사람은 더욱 늘어난다.

과거 드라마는 각본을 쓰는 작가의 손끝에서 시작되고 진행되며 완성되었다. 작가의 생각 속에 있는 대본이 드라마의 엔딩을 결정했다. 1998년에 "거짓말"이란 드라마가 방영되면서 이 드라마의 열성 팬들이 작가에게 시청자들이 원하는 엔딩을 계속 요구했다. 갈수록 이 요청이 커지면서 결국 드라마의 결말이 처음 계획과는 다르게 마무리되었다. 그 이후로 시청자들의 활발한 의견이 드라마에 실시간으로 반영되었다.

기업에서도 이전에는 공장에서 생산하는 제품을 출시했지만, 이제는 소비자들의 의견을 최대한 반영해 제품을 생산한다.

이는 교육 과정에서도 마찬가지다. 교육의 한 요소인 학생들의 정확한 필요가 반영되어야 한다. 학생들의 실제적인 필요와 상황이 반영되지 않은 교육은 점차 그 의미를 잃게 된다. 이는 학생들의 인기에 부합되는 요소들로만 채워져야 한다는 것이 아니다. 학생들이 교육 과정 속에 좀 더 적극적으로 들어와야 한다는 것이다.

온라인이 가진 최고의 강점은 동시에 많은 이가 자기 의견을 표현할 수 있다는 것이다. 메타버스 교회교육을 하면서 간단한 설문조사를 실시할 수도 있다. 도입 질문을 할 수도 있고, 메시지의 적용을 위한 질문을 던질 수도 있다. 특히 교회학교의 행사에 관한 의견을 모을 수도 있다. 이전에는 학생들의 의견이 반영되지 않고, 대부분 교사들에 의해 결정되었다. 그러나 메타버스 교회학교에서는 학생들이 공동 의견을 내거나 안건을 결정할 수 있다. 행복나눔교회에서 진행하는 메타버스 교회학교의 프로그램 일정은 학생들의 의견을 반영해 결정했다. 또한 프로그램의 방향과 시상도 학생들의 의견을 충분히 수렴해 결정한다. 이로 인해 학생들이 교회교육의 단순 소비자에 그치는 것이 아니라, 적극적인 주도자가 된다. 이는 교육 프로그램을 원활하게 하며, 교육의 질적 성장으로 이어진다.

교육의 다양한 활용이 가능하다

기존의 교회교육에서 실행된 교육 콘텐츠는 여러 제약이 있었다. 교육 기관에 많은 투자를 하는 교회에서는 다양한 형태의 콘텐츠를 제공할 수 있지만 그렇게 할 수 있는 교회는 많지 않다. 반별로 공간을 제공하고 필요한 기자재를 충분히 공급하는 것이 어렵기 때문에 전통적인 교육 방식인 교과서 위주의 주입식 교육이 진행될 수밖에 없었다.

하지만 메타버스 교회교육은 교회 규모에 관계없이 다양한 교육 방식을 사용할 수 있다. 담당 목회자와 교사들의 수고와 헌신에 비례해 상상을 뛰어넘는 교육 콘텐츠를 제공할 수 있다. 여리고 성 함락을 이야기하면서 당시 여리고 성이 얼마나 견고했는지 보기 위해 바로 고고학적 발굴 자료로 이동할 수 있다.

2020년 고난주간에는 예수님의 생애를 다룬 뮤지컬을 영상으로 보면서 신선한 충격을 받았다. 압도적인 스케일로 예수님의 생애를 압축한 뮤지컬 영상은 아름답고 탁월했다. 탕자의 비유를 액자 스토리로 구성하고, 예수님이 풍랑 위를 걸어오시고, 물속으로 빠져 들어가는 베드로를 건지시는 장면은 경이로웠다. 그 영상의 주소를 성도들과 학생들에게 공유했다. 코로나19 때문에 힘든 고난주간이었지만, 예수님의 생애를 단순히 말로 전달하는 대신 시청각 경험을 제공하여 큰 위로를 전했다.

2021년 봄에 진행한 새로운 형식의 개학 부흥회에서 학생들은 TV에서나 볼 수 있는 아이돌의 간증을 직접 듣는 신기한 경험을 했다. 아이돌은 막연히 우리와는 다른 세상에서 산다고 생각했는데, 학생들의 질문에 아이돌이 직접 답하면서 의견을 교환하자 학생들의 자존감이 성장하는 계기가 되었다. 그리고 방송국 PD의 메시지를 통해 학생들은 새로운 관점으로 세상을 바라보게 되었다.

또한 국내외에서 믿음으로 살아가는 다양한 삶을 접하면서, 학생들의 장래 희망과 삶의 방향이 확장되고 다양해졌다. 사람은 자기가 보고 듣고 경험한 영역 이상을 넘어갈 수 없다. 자기들이 만난 세상에서 자기의 미래를 결정한다. 메타버스 시대에는 시간과 공간의 차이를 뛰어넘는 다양한 경험을 할 수 있다. 그러므로 이를 잘 조직하고 준비하며 서로가 축적한 자료를 나눌 때, 학생들은 한계를 넘어서 하나님의 풍성함을 체험할 수 있다. 그러한 체험은 그 학생들이 살아갈 삶의 방향을 바꾸어 주며, 그로 인해 하나님의 일하심을 더욱 강력하게 경험한다.

국경을 넘으려면 준비와 비용이 필요하다. 그러나 메타버스 환경에서는 그 모든 한계를 빛의 속도로 넘어설 수 있다. 이전에 교사 세미나를 하면서 교회의 교육 환경을 이렇게 빗대어 설명하고는 했다. "21세기의 학생을 20세기의 선생님들이 19세기의 방식으로 18세기의 공간에서 가르친다." 그러나 메타버스 교회학교의 시스템을 선용하면, 다양한 형태의 교육 프로그램을 통해 견고한 믿음의 기초를 쌓을 수 있다. 이러한 메타버스 교회교육의 장점을 극대화하는 것이 새로운 시대의 사역자들과 교사, 부모들에게 주어진 거룩한 사명이다.

2. 메타버스 교회학교의 보완점은 무엇인가?

집중력이 떨어진다

메타버스 교회교육은 거의 온라인으로 진행되는데, 이러한 교육 방식의 가장 큰 어려움은 학생들의 집중력을 확보하기 어렵다는 것이다. 현장에서 예배하고 교육할 때는 그나마 눈을 마주치며 교육할 수 있지만, 온라인 예배와 교육은 모니터를 보고 하기 때문에 전하는 이들도 집중력을 유지하기가 어렵다. 이러한 이야기를 들을 때마다 내가 조심스럽게 던지는 질문이 있다.

"그렇다면, 현장 예배와 대면 교육일 때는 학생들의 집중력이 좋았는가?"

코로나19 이전에도 교사 세미나를 하면 목회자나 교사들로부터 "학생들이 설교 시간과 공과 시간에 집중하지 않아 힘들다"는 말을 많이 들었다.

"설교 시간에 학생들이 얼굴을 안 보여 준다."

"아이들이 머리를 숙이고 있어서 참 힘들다."

"학생들이 수업 시간에 질문해도 반응을 하지 않는다."

내가 내린 결론은, 집중력의 문제는 온라인과 오프라인의 문제는 아니라는 것이다. 중요한 것은 학생들의 관심을 끄는 것을 얼마나 준비하는가다. 오히려 메타버스 교회학교는 현장에서 관심을 기울이지 않던 학생들이 더 깊은 관심을 가질 수 있다. 시청각적으로 학생들에게 익숙한 교육 자료를 준비하면 집중력이 높아진다.

기성세대는 대면으로 만나고 공부하며 교류하는 것이 수월하다. 평생 그렇게 살아왔기 때문이다. 하지만 다음세대는 태어난 순간부터 이미 정보화 사회를 호흡하면서 자랐다. 인터넷 강의와 온라인 수업 등으로 모니터로 만나는 비대면 시스템이 더욱 자연스럽다. 마치 한국인이 별로 살지 않는 지역으로 이민을 가서 오랫동안 살다가 우연히 한국어를 말하는 이들을 만났을 때의 친밀함 같은 것이다.

교회에 출석한 지 얼마 안 되는 성도와 이야기하면서 아주 재미있는 이야기를 들었다. 그 성도는 교회에 출석한 지 이제 한 달이 되었다. 그 성도는 아직 교회 생활이 낯설고 설교 시간이 힘들다고 말했다. 그러면서 이렇게 덧붙였다. "목사님이 설교 시간에 가끔 TV 드라마 내용을 인용하시면 마치 시댁에 찾아온 친정 오빠를 만난 기분이에요."

그 성도에게 교회는 아직 낯선 미지의 영역이었다. 설교도 마찬가지여서 낯선 내용을 듣는 것이 어색했지만 드라마는 지난 주간에 보았던 내용이라 친근하게 느껴진 것이다. 그렇다. 중요한 것은 온라인과 오프라인이라는 환경적 요인이 아니다. 청중의 집중력을 높이는 콘텐츠를 개발하는 것이 중요하다.

'티키타카' 맛이 안 난다

티키타카가 안 된다는 것은, 온라인과 오프라인의 차이점이 집중력의 문제라고 하는 것과 비슷한 맥락이다. 현장에서는 즉각 반응을 살필 수 있다. 학생들의 반응을 보고 적절하게 대응할 수 있다. 오프라인 수업에서 교수자는 마음만 먹으면 다양한 요소를 통제할 수 있지만, 사이버 공간에서는 수업 태도나 참여도를 통제할 수 없다.[26] 또한 온라인이라는 플랫폼 자체가 개인화와 익명성이 강하기 때문에 효율적인 소통에 한계가 있는 것이 사실이다.[27]

하지만, 새로운 세대는 온라인 세상에서 관심을 끄는 내용에 집중하게 된다. 또한 사람들은 일반적으로 자기와 인격적인 관계에 있는 사람들에게 더욱 깊은 주의를 기울인다. 온라인 영역에서는 대부분 또래 집단을 만나기 때문에 교사와 목회자를 만나는 것이 학생들에게 신선한 충격이 될 수 있다. 온라인으로 소통하는 것은 속도에 있어서 오프라인과는 비교가 안 된다. 이러한 장점을 잘 활용하면 도리어 더욱 신속한 소통이 이루어져서 수업을 조정할 수 있다.

여기에서 기성세대와 새로운 세대의 의식 차이가 존재한다. MMS(멀티미디어 메시징 서비스: Multimedia Messaging Service)로 소통하는 것이 전화통화를 넘어선 것은 2000년대 초반의 일이다. MMS로 사진이나 이미지를 보내는 것이 가능해지면서 소통 양식이 변하게 되었다. 그 당시 자녀들이 부모에게 문자를 보내면 부모들은 바로 전화를 한다는 문화 충돌이 있었다.

의사소통 방식이 음성에서 텍스트로 바뀌기 시작했다. 모바일 메신져 '카카오톡'을 무료로 사용하게 된 것은 소통 양식에 혁명과도 같은 일이었다. 문자 메시지 전송은 유료 서비스인 반면 카카오톡 등 메신저 사용은 무료 서비스였기에 소통 양식은 획기적인 변화를 맞게 되었다. 연인이 만나도 대화 대신 스마트폰을 보면서 의사소통을 한다는 웃지 못할 이야기도 있었다. 이러한 측면에서 다음세대는 채팅이나 카톡, 페이스북 메신저로 의사소통하는 것이 수월하다.

다음세대가 그러한 방식으로 의사소통을 한다면, 우리도 그들의 방식대로 의사소통을 해야 하지 않을까? 흔히 청소년은 기성세대와 문화가 완전히 다르기에 청소년 사역을 선교의 영역이라고 말한다. 선교지에서 만나는 이들의 언어와 문화를 존중하는 것이 선교의 기본 자세다. 사도 바울도 로마와 유대, 이방인들을 얻기 위해 그들의 문화를 존중하며 복음을 전했다. 그렇다면 다음세대에 복음을 제대로 전하기 위해 그들의 의사소통 방식을 도입하는 것이 합당하지 않을까? 기성세대가 아니라 다음세대가 편하게 여기는 방식으로 소통하는 것이 효과적이지 않을까?

메타버스 교회교육이 성공하려면 철저히 학생들의 소통 방식을 배워야 한다. 그들의 방식으로 소통하면 학생들은 교사들에게 마음 문을 열 것이다. 사람은 옳은 소리에 귀를 기울이기보다 자기가 좋아하는 사람에게 마음 문을 열고 귀를 기울이기 때문이다.

쉬어 갈 수 없다

메타버스 교회교육을 진행하면서 기억해야 할 것은, 온라인에서의 1초 침묵은 오프라인에서의 10초 이상의 침묵과 같다는 것이다. 그러므로 온라인에서의 메타버스 교회교육을 진행할 때에는 철저하게 콘티를 준비해야 한다. 프로그램과 프로그램 사이에 공백이 발생하지 않도록 항상 긴장해야 한다. 현장에서 대면으로 진행할 때는 약간의 시간차가 허용된다. 예배 시간에 다함께 찬송하다가 사회자가 대표 기도 순서를 말하면, 대표 기도자가 일어나 단상에 서기까지 시간이 비어도 큰 문제가 되지 않는다. 하지만 온라인에서 이러한 공백은 방송 사고처럼 보인다. 메타버스 교회학교에서는 순서와 순서 사이에 시차가 없어야 한다. 찬송 시간을 마치고, 사회자가 대표 기도 순서를 소개하자마자 대표 기도자의 기도가 즉시 나와야 한다. 대표 기도를 사전 녹화를 해서 사용하든, 기도자가 직접 기도하든, 그 사이에 유격이 발생하면 안 된다.

메타버스 교회학교 프로그램의 시작부터 끝까지, 진행자는 지속적으로 대사를 해야 한다. 메타버스 교회교육에서는 정해진 콘티와 준비한 분량만 전하는 것으로 끝나지 않는다. 그러므로 메인으로 진행할 담당자는 설교나 강의를 준비할 때 그 시간에 전하려는 메시지 이상의 다양한 콘텐츠를 예비용으로 준비해 놓아야 한다.

또한 돌발 상황이 발생할 수 있기에 늘 긴장 속에서 대비하고, 문제가 발생하면 자연스럽게 대처해야 한다. 진행 도중 돌발 사태가 일어난다고 해서, 그 문제를 처리할 때까지 침묵을 지켜서는 안 된다. 모니터 너머의 학생들과 교사와 부모들은 그 상황을 전혀 알지 못하기 때문이다. 이는 메타버스 교회교육 프로그램에 참여한 게스트도 마찬가지다. 특히 줌으로 연결해서 원격으로 진행하는 경우에는 순서를 맡은 강사와 이를 진행하는 본부, 그리고 이 콘텐츠를 제공받는 학생들 사이에 각기 다른 유격이 발생한다. 서로의 상황을 잘 알지 못하고, 모든 것이 정상적으로 작동하는 것을 전제로 진행하기 때문에, 돌발 사태로 인해 교육이 중단되는 대참사가 일어나기도 한다. 이 부분을 최소화하기 위한 최선의 노력이 필요하다.

메타버스 교회교육을 실행하는 도중 설비 문제로 영상 송출이 중단되는 경우도 있다. 이러한 사태를 최대한 방지하려면 본 프로그램을 진행하기 전에 컴퓨터를 반드시 재가동하고 진행하는 것이 좋다. 몇 시간 전부터 컴퓨터를 켜서 준비 작업을 하고 리허설을 하는데, 때로는 여러 기능을 동시에 가동한 채로 사역을 진행하는 경우가 있다. 이럴 때는 컴퓨터에 과부하가 걸려 결정적인 순간에 다운될 수 있다. 실제로 그러한 사고가 발생한 적도 있다. 그런 일이 발생하면 컴퓨터를 재부팅해야 하는데, 그 과정에서 준비하는 이들은 엄청나게 긴장한다. 또한 교육을 받는 학생들은 흐름이 끊기면서 집중력이 떨어지게 된다. 이러한 상황을 미연에 방지할 수 있도록 최선을 다해 사전 준비를 철저히 해야 한다.

모든 리허설을 마친 후에 전자 기기를 새롭게 세팅하면 좀 더 안정적으로 진행할 수 있다. 그리고 반드시 기억해야 할 사항은, 와이파이를 사용할 때 반드시 유선으로 연결해야 한다는 것이다. 무선 와이파이를 사용하면 여러 변수가 생긴다. 갑자기 다른 곳의 와이파이 신호로 넘어가기도 하는데, 그 와이파이의 주파수가 약하면 그대로 접속이 끊겨 버린다.

습도나 온도, 사람들로 인해 신호가 방해를 받아서 속도가 제대로 나오지 않을 수도 있다. 그러므로 와이파이 신호는 유선으로 연결해야 어느 정도 안정성을 담보할 수 있다.

이러한 사항들을 항상 체크하고 확인해야 한다. 의례 준비가 잘 되었을 것으로 생각하다가 놓치는 경우가 일어나기 때문이다. 이러한 시행착오를 현장에서 여러 번 경험했다. 문제가 발생하면 해결이 될 때까지 심장이 멈춘 기분이 든다. 그러므로 메타버스 교회학교 프로그램을 시작하기 전에는 사전에 체크해야 할 사항을 눈으로, 손으로 확인하는 것이 가장 좋다.

또한, 준비를 다 마치고 나서는 중보기도로 모든 프로그램이 은혜 가운데 진행되도록 간구해야 한다.

지속적으로 새 콘텐츠를 개발해야 한다

메타버스 교회교육의 콘텐츠들은 수명이 길지 않다. 처음에는 신선하게 보이던 콘텐츠도 몇 번 반복하면 금방 익숙하고 지루해진다. 새롭고 참신한 교육 콘텐츠라는 것은 편의점에서 구입할 수 있는 것이 아니다. 하나의 효과적인 예화도 수많은 노력을 기울여야 얻을 수 있다. 처음에는 신선한 콘텐츠였다 하더라도, 반복하면 매너리즘에 빠지고 기대감을 잃어버리게 된다. 그렇다. 콘텐츠에도 유통기한이 있다. 메타버스 교회교육을 기획하는 이들은 항상 새로운 콘텐츠를 위해 기도로 준비하고, 다양한 채널을 통해 준비해야 한다. 메타버스 교회교육에 필요한 콘텐츠를 준비하는 40가지의 구체적인 매뉴얼을 4부에 수록했으니, 이러한 사항들이 새로운 콘텐츠를 만드는 데 도움이 되기를 바란다.

수업이나 강의의 오프닝에 유용한 '아이스 브레이크' 기법에 관한 책

자와 동영상으로도 많은 도움을 얻을 수 있다. 또한, 특별한 은사로 이 분야를 잘 운영하는 사람이 있다면 그 사람을 통해서 콘텐츠를 만들고 운용하는 법을 배워야 한다. 그 어떤 분야라도 최선을 다해 노력하면 발전과 진보가 일어날 수 있다. 이처럼 개인적으로 노력하고 더욱 새로운 콘텐츠를 만들고 적용해야 한다.

모든 사람에게는 각자의 지문이 있듯이, 글을 쓰는 작가에게는 그 작가만의 특유의 정서가 담긴 문장이 있고, 그림을 그리는 화가에게는 그 화가만의 독특한 화풍이 있다. 그래서 그림을 보면 누구의 작품인지 대략 유추할 수 있기도 하다. 이처럼 콘텐츠를 만드는 것에도 각자의 특정 패턴이 스며들게 된다. 여기에서 필요한 것이 서로의 연대와 교류다. 내가 만든 교육 콘텐츠는 나만 사용하는 전매특허가 아니다. 자기가 생산한 콘텐츠의 저작권은 생산한 사람에게 주어진다. 하지만 영적 콘텐츠를 서로가 공유하는 것이 지금 상황에서는 그 어느 시대보다 시급하다. 가급적 메타버스 교회학교의 모든 과정을 편집 없이 온라인에 공개하면 다른 교회 사역자들이 이를 보면서 힌트를 얻을 수 있다. 이처럼 새로운 패턴을 자주 접하면서 자기를 새롭게 해야 한다. 영감은 낯선 곳에서 더욱 활력을 가지게 된다.

또한, 이러한 콘텐츠를 공유할 수 있는 플랫폼이 만들어지면 참 좋겠다. 그리고 각 교회에서 준비하고 진행한 메타버스 교회교육을 담은 책자들이 많이 나오면 좋겠다. 굳이 출판사를 통해서만이 아니라도 백서 형태로 출간해 종이나 책이 아니라 PDF 형식으로 서로 공유해 '콘텐츠 뱅크'가 만들어지기를 바란다.

이러한 일들을 개개인이나 개교회가 감당하기보다는 각 교단의 교육위원회나 기독교 교육학과에서 메타버스 교회교육 콘텐츠를 위한 특별팀을 꾸려 조직적으로 가동하는 것이 시급하다. 양질의 콘텐츠를 충분히 제공하는 것이, 앞으로 교회와 교단을 건실하게 운용하게 하는 가장 우선적이고 필요한 사역이기 때문이다.

메타버스 교회학교(디지털/온라인 예배)의 위험 요소

메타버스 교회학교를 운영할 때는 온라인의 비중이 점차 강조될 수밖에 없다. 온라인으로 예배와 교육 활동을 하면 많은 장점이 있지만 그만큼 위험 요소들도 있다.

예배에 대한 경외감 약화

온라인으로 예배를 드릴 때, 온라인의 약점을 상쇄하기 위해 흥미 위주의 프로그램을 채택하고, 시청하는 학생들의 관심을 집중시키기 위해 과장된 멘트와 행동을 하는 경우가 있다. 학생들도 처음에는 신선하게 받아들이다가 이내 익숙해지게 된다. 세상의 콘텐츠는 자극적이고 흥미를 유발하는 것이 많기에, 교회 콘텐츠에 흥미가 없으면 얼마든지 떠날 수 있다. 이러한 문제를 해결하기 위해 메타버스 교회교육 프로그램이 흥행에 치중하다 보면 예배 자체가 가벼워질 수 있다. 또한 예능 형태의 교회교육이 지속되면, 예배를 오락의 한 형태로 소비하는 경향에 익숙해 질 수 있다.

오프라인의 필요성 저하

온라인으로 교회의 프로그램을 다 소화할 수 있다고 생각해서 굳이 교회에 갈 필요성을 못 느끼게 된다. 코쿤족(외부 상황으로부터 도피하여 자신만의 안전한 공간에 머물려는 칩거증후군에 걸린 사람을 일컫는 용어)으로 생활하는 것이 익숙해지면 외출 자체를 귀찮게 여기는 성향이 늘어나기 때문이다. 그렇게 되면 옷을 갈아입고 시간을 들여 왕래하는 것을 수고라고 생각하게 된다. 오히려 그 시간에 게임을 하거나 OTT를 시청하며 활용하려고 한다.

신앙의 개인화

사단법인 꿈미있는미래에서는 자체적으로 콘텐츠를 개발하기 어려운 교회에 다양한 교육 프로그램을 제공하는데, 이런 사역은 더욱 활발하게 일어나야 할 것이다. 그러나 온라인으로 훌륭한 콘텐츠를 공급받는 것으로만 만족하는 형태가 반복되면, 신앙의 개인화로 고착될 수 있다. 신령과 진정으로 예배를 드리는 것이 아니라, 나의 만족을 채우는 시간으로 전락할 수 있다. 예배는 내가 하나님께 섬김을 드리는 시간이지, 내가 섬김을 받는 시간이 아님을 기억해야 한다. 모든 교회 프로그램은 공동체 안에서의 풍성한 교제가 기본 조건이어야 한다.

공동체성의 약화

온라인 예배만 지속적으로 참여하다 보면 공동체의 소속감이 점차 희박해질 수 있다. 이는 교회의 중직자들도 예외가 아니다. 공동체성이 강화되기 위해서는 온라인을 통해서 만나는 데 한계가 있다. 직접 대면하여 서로 같은 경험치를 공유하는 것이 공동체성을 세워 가는 과정에서 정말 중요한 요소이기 때문이다.

작은 교회의 콘텐츠 개발이나 온라인 교육의 어려움

작은 교회는 재정과 인원의 한계 때문에 메타버스 교회교육을 지속적으로 유지하기가 쉽지 않다. 온라인 프로그램에 좋은 콘텐츠를 지속적으로 개발하고 유지하는 데 한계를 만날 수 있다.

메타버스 교회교육을 도입하고 진행함에 있어서 이러한 요인들은 발생하기 마련이다. 이러한 상황이 발생하지 않도록 방지하고 미흡한 상황을 보완하기 위해서 다양한 방안을 강구해야 한다. 다음 장에서는 창의적이고 효과적인 메타버스 교회학교를 운영하기 위한 노하우를 제공할 것이다. 이러한 방안이 실제적인 도움이 되어, 각 교회에서 외부 환경에 영향을 받지 않는 메타버스 교회학교를 세우기를 소망한다.

PART 4

메타버스 교회학교의
40가지 실전 매뉴얼

Metaverse Church School

1. 디지털 세계관을 구축하라

1) 거인의 어깨 위에 서서 보라

세상에 같은 문제의식을 가진 사람은 많다. 그러나 그 문제를 풀기 위해 시도하는 사람은 많지 않다. 그리고 그 문제를 해결하는 사람은 더욱 소수이다. 그러므로 어떤 영역에서든지 처음 시작하는 퍼스트 무버(First Mover: 새로운 분야의 선도자)는 위대하다. 이들은 길이 없는 곳에서 패스파인더(Pathfinder: 길잡이) 역할을 해 준다. 우리는 그들을 통해 많은 정보를 얻을 수 있다. 메타버스 교회학교의 다양한 콘텐츠를 얻기 위해 참고도서와 매체를 조사하던 중 교과서와 같은 책을 만났다.

서울 한성교회 차세대 사역 팀장인 유지혜 전도사의 『우리 교회 온택트 주일학교』(생명의말씀사, 2021)가 그 주인공이다.

이 책은 코로나19 사태가 터지면서 한성교회에서 학생들을 위해 고군분투한 내용을 아주 세밀하게 나누고, 언택트 상황에서 어떻게 학생들과 온택트로 만나고 양육할 것인가에 대한 매뉴얼이 가득하다. 겨울 온라인 수련회를 은혜 가운데 마치고, 개학 부흥회 형태로 '비전토크' 프로그램을 준비하던 상황에서 새로운 통찰력이 필요했는데, 이 책을 통해서 풍성한 영감을 얻었다.

온택트 사역은 교회 전체가 함께 그 개념을 공유하는 것이 중요하기에 이 책을 사비로 구매해 모든 교역자와 교회교육 관계자들에게 선물했다. 담당 사역자가 아무리 노력해도 교회 전체가 협력하지 않으면 좋은 효과를 기대하기 힘들다. 이 책을 읽으면서 메타버스 교회학교의 전체적인 개념을 다시 점검하게 되었고, 학생들과 교사들을 어떻게 지도하고 섬길 것인가에 대한 구체적인 아이디어를 얻을 수 있었다. 이처럼 메타버스 교회학교를 잘 운영하는 교회를 살펴보고 연구하면서 우리 교회와 부서에서 적용할 요소들을 찾는다면, 효율적으로 사역할 수 있다.

교목 사역의 제안을 받고, 사역을 활발하게 하는 미션 학교를 탐방했다. 각 학교의 상황과 사정은 전혀 다를 수밖에 없었다. 내 머릿속에서 막연히 이렇게 하고 싶다는 생각과 현실 사이에 간극이 있을 수밖에 없다. 사역을 잘하는 학교와 내가 섬길 학교와의 간격도 당연히 존재한다. 하지만 실제 현장에서 진행하는 사역들을 지켜보는 것만으로 엄청난 사역의 힌트를 얻을 수 있다. 그러므로 열정적인 사역자들의 수고와 노력을 통해 우리는 거룩한 자극을 받고 새롭게 도전할 수 있다.

유병욱 카피라이터의 책 『생각의 기쁨』(북하우스, 2017)에는 영국 파운드화에 쓰인 글귀에 대해 아주 특이한 이야기를 전해 준다.[28]

영국의 2파운드짜리 동전 테두리에는 "STANDING ON THE SHOULDERS OF GIANTS"라는 글귀가 새겨져 있다. 영국이 우리 돈으로 약 3,000원에 맞먹는 이 동전에 "거인의 어깨에 올라서서"라는 문구를 새겨 넣은 것은 '근대 물리학의 아버지'로 불리는 뉴턴에서 기인한다. 사람들은 뉴턴에게 그의 물리학적 발견을 치하했다. 뉴턴은 1676년에 그의 경쟁자였던 과학자 로버트 훅과 공로에 관해 언쟁을 벌이는 편지에서 이 문장을 사용했다.

"If I have seen further, it is by standing on the shoulders of Giants"(내가 남보다 더 잘 보고 더 멀리 봤다면, 그건 거인들의 어깨에 올라선 덕분입니다).

이는 뉴턴이 이룬 성과는 순전히 자기의 노력만으로 만들어진 것이 아님을, 앞선 사람들의 발견과 경험을 배우고 익혀서 가능한 일이었음을 표현한 말이다.

메타버스 교회학교를 운영하면서 이 격언의 중요성은 갈수록 커진다. 나 혼자만의 힘으로는 잠시 반짝일 수는 있지만, 오랫동안 지속할 수는 없다. 그러므로 메타버스 교회교육을 세워 나가는 일에 다른 교회와 사역자들이 긴밀히 협력하는 것은 아무리 강조해도 지나치지 않다.

프로그램을 이미 진행해 본 사람은 생각만 하는 사람과 완전히 다른 관점을 갖게 된다. 그리고 사역자들은 각자 독특한 저마다의 특징을 가지고 있기에, 그러한 독특성이 다른 사람에게 획기적인 전환점이 되기도 한다.

미래가 어떻게 달라질 것인가에 대해 예견하는 책들이 쏟아지고, 다양한 기법의 교육 프로그램이 소개되고 있다. 또한 양질의 강의들이 온라인을 통해 공급되고 있다. 비록 지금 당장은 자기의 사역 현실과 맞지 않다고 해도, 꾸준히 공부하면서 나름대로의 사역 방향과 패턴을 구상할 수 있다. 이러한 과정을 거쳐서 저마다의 상황에 가장 적합한 메타버스 교회학교 시스템이 세워지기를 축복한다.

2) 온라인 활용의 노하우를 지속적으로 배우라

2020년에 코로나19 대유행이 일어나면서 학교가 폐쇄되고, 대학교에서도 온라인으로 수업을 강행해야 했다. 디지털 문화를 자주 활용하던 젊은 교수들은 약간의 혼선을 빚기도 했지만, 곧 적응했다. 하지만 교단에서 권위를 인정받던 교수들은 곤혹스러운 날들을 보내야 했다. 디지털 문화를 제대로 이해하지 못한 교수들은 아날로그 방식으로 강의를 준비하고 이를 촬영하고 녹화본을 온라인 플랫폼에 올리기도 했다. 디지털 방식에 익숙하지 않은 상태에서 진행한 온라인 수업은 '온라인 수업 대 참사'라는 다양한 에피소드를 만들어 냈다.

강의 내용이 아무리 충실해도, 효과적인 디지털 방식의 강의가 이루어 져야 효과가 있다. 온라인 수업을 듣는 학생들은 디지털 문화에 이미 익 숙한 세대다. 그들은 최적화된 인터넷 강의를 충분히 들어 온 세대이기 에 어설픈 인터넷 강의로는 만족하지 않는다. 이러한 세대에게는 그들의 문화에 적합한 방식으로 전달해야 한다. 오프라인에서 하던 것을 그대로 온라인의 채널로 옮기는 것이 아니다. 온라인에서는 새로운 성격의 시도 가 필요하다.[29]

디지털 시대 이전에는 소속감이 중요한 가치였지만, 디지털 시대가 되 면서 자기의 이익이 더욱 중요한 가치가 되었다. 이는 직장이나 교회도 마찬가지다. 이전에는 자기가 희생하고 수고해서 자기가 속한 단체가 유 익이 되는 것에 보람을 느꼈다. 그러나 이제는 자기만족과 보상을 더욱 중시한다. 디지털 세대의 눈높이를 충족시키지 못하면 휴학이나 자퇴의 결과를 낳을 수도 있다. 시대가 급속히 변하고 있음을 기성세대보다 더 욱 선명하게 느끼는 대학생들은, 자기가 다니는 학과와 학교가 경쟁력이 없다고 느끼면, 가차 없이 노선을 변경한다.

이는 신앙적인 영역에서도 서서히 나타나고 있다. 이전에는 자신이 섬 기는 교회에 출석해서 주일 예배를 드리는 것이 당연했다. 하지만 물리 적으로 교회라는 공간에 갈 수 없는 상황이 되자 다른 교회와 교회학교 가 제공하는 콘텐츠에 접속하는 일이 많아졌다. 최근에는 각 지역의 교 회들을 교단별로 평가하고 비교하는 앱까지 등장했다. 그 무엇보다 거룩 해야 할 교회가 인기를 먹고 사는 경쟁 업체로 전락한 것은 디지털 사회의 또 다른 명암일 것이다.

이는 다른 교회학교와 경쟁해서 비교우위를 점해야 한다는 말이 아니다. 우리 자녀들과 학생들이 반드시 알고 깨달아야 할 진리인 하나님의 말씀을 생생하고 선명하게 전달하는 것은 메타버스 교회학교를 진행하는 모두의 사명이다.

기업들은 자사 제품을 소개하기 위해 각 시대마다 가장 효과적인 홍보 수단을 채택해 왔다. 레거시 미디어(Legacy Media: 전통 방식의 미디어)를 통해 제품을 소개하던 시절에는 황금 시간대에 광고를 송출하기 위해 천문학적 비용을 아낌없이 투자했다. 온라인 미디어가 급속도로 보급되고 SNS 문화가 대세가 되면서 대기업에서는 홍보의 방향을 수정하고 있다. 그들은 자사 제품을 효과적으로 광고하는 법을 지속적으로 분석하고 투자를 아끼지 않는다. 메타버스 시대의 감성을 이해하고 소통을 잘하는 인력을 집중 배치해 효과적인 홍보를 하면서, 커다란 성과를 거두고 있다.

이러한 변화 속에서 메타버스 교회학교는 가장 효과적인 복음 전달을 위해, 온라인의 감성을 충분히 인지하고 이를 제대로 활용해야 한다. 고급 사양의 장비를 갖추는 것이 메타버스 교회학교의 핵심적인 사항이 아니다. 메타버스 교회학교에서는 온라인의 정서와 감성을 잘 파악하고, 이를 제대로 표현하는 능력을 구비하는 일에 심혈을 기울여야 한다.

3) 다큐가 아니라 예능이다(예능 프로그램의 기법을 도입하라)

메타버스 교회학교를 시작하면서 기억해야 할 것은, 메타버스 교회학교는 평소 진행하던 것을 그대로 중계하는 것이 아니라는 것이다. 아날로그 감성과 디지털 감성은 전혀 다른 방식임을 언제나 명심해야 한다.

코로나19로 인해 현장 예배가 불가능해지자, 각 교회에서는 유튜브와 교회 자체 플랫폼에 영상을 송출하는 방식을 선택해야 했다. 그런데 문제는 예배와 교육 시스템을 이전에 해 오던 대로 진행하고, 가정에서 예배하는 이들은 단지 이 영상을 시청하는 것에 그치는 경우가 많다는 것이다. TV와 다양한 매체에서 현란하면서도 깔끔하게 편집된 콘텐츠를 경험한 성도들은, 단조롭고 지루한 영상물에는 금세 지루해한다.

주일의 모든 순서가 끝난 후, 접속자 수를 보면서 안심하고 만족하는 데 그치는 경향도 있다. 중요한 것은 접속자 수나 조회 수가 아니라 시청 시간이다. 많은 교회나 교회학교에서는 실제 시청 시간을 확인하고서 접속자 수와 조회 수가 허수임을 알고 당황하게 된다. 또한 영상 시청을 끝까지 한다고 해도, 그것이 영적 감화에 직결되는지를 항상 염두에 두어야 한다. 교회에서 송출하는 방송을 켜둔 채로 다른 활동을 하거나 예배에 집중하지 않는다면, 이는 의미가 없기 때문이다.

학교에서 대면 수업이 온라인 강의로 대체되면서 곳곳에서 대참사가 일어났다. 오랫동안 강단에서 강의한 교수들이 온라인 강의 방식의 기본 개념을 잘 알지 못해 일어난 사건이 많다. 강단에서는 직접 강의 속도를 조절하면서 강의를 통제할 수 있었다. 그러나 온라인으로는 그것이 거의 불가능하다.

온라인으로 진행하는 설교와 강의에는 예능적인 요소가 결합되어야 한다. 예능 프로그램은 시청자들의 시선을 사로잡기 위해 다양한 기법을 총동원한다. 자막과 효과음을 넣고, 때로는 다양한 그림을 첨부해 밋밋한 영상을 화려하고 자극적으로 변모시킨다. 예능 프로그램 담당자에게는 시청률이 생명줄이기에 모든 수단과 방법을 총동원하는 것이다.

　모니터로 만나는 사람에게 목소리만으로는 관심을 불러일으키는 것이 쉽지 않다. 게다가 설교자가 마스크를 써야 하는 상황에서는 입술이 보이지 않아 소통하기가 더욱 어렵다. 온라인으로 진행되는 설교와 집회에서는 예능의 요소를 복음과 연결하려고 한다. 특이하거나 재미있는 이야기와 청소년들의 관심을 끌 수 있는 정보들을 복음에 접목하려고 한다. 또한 예능적인 기법인 퀴즈나 역할극을 사용해 학생들의 관심을 붙들고, 이를 메시지와 연결하려고 한다. 특히 파워포인트를 활용해 설교와 강의를 하면, 온라인 방식이나 오프라인 집회에서 상당한 효과를 거둘 수 있다. 예능 프로그램에서 사람들의 호기심을 자극하는 방식으로 성경 구절을 읽고 도입부와 예화를 풀어갈 때도 예능 기법은 아주 큰 빛을 발하게 된다. 이를 위해서는 인기를 끄는 예능 프로그램을 설교 준비하듯 관찰할 필요가 있다. 또한 자기에게 어떤 부분이 효과적으로 접근 가능한지를 파악하고, 가능한 연습을 많이 해야 한다. 바울은 도시마다 각기 다른 전도법으로 복음을 전했다. 그와 같이 다른 문법을 사용하는 다른 세대에게는 그들을 효과적으로 장악하는 킬러 콘텐츠를 준비해야 한다.

2. 문해력을 개발하라

4) 문해력을 키우라

메타버스 교회교육에서 온라인으로 설교나 강의를 할 때 정말 중요한 것은 모니터로 설교자와 강사를 바라보는 청중에게 선명하게 메시지를 전달하는 것이다.

온라인 설교는 더욱 정확한 표현과 확실한 의사전달을 요구한다.[30]

이러한 임무를 제대로 수행하기 위해서는 문해력이 절대적으로 필요하다.

문해력의 용어는 단순히 문자화된 기록물을 통해 지식과 정보를 획득하고 이해하는 것에서 변화화하는 상황에서의 적응과 대처 능력을 의미하게 되었다.[31]

문해력은 외부의 문장을 내가 이해하는 '수용력'과 내가 말하고자 하는 내용을 설명하는 '표현력'으로 나뉜다. 수많은 정보를 취합해 내 안에 축적하고 이를 잘 활용해 내가 말하려는 의도를 효과적으로 전달하는 것이 문해력이다. 문해력은 글과 텍스트를 이해하고 표현하는 '문학적 문해력'(Literal Literacy)과 디지털로 만나는 정보들을 이해하고 표현하는 '디지털 문해력'(Digital Literacy)으로 나뉜다.

문학적 문해력은 아날로그 정보를 수용하고 표현하는 능력을 의미한다. 활자화된 모든 내용을 읽고 이해하는 것뿐만 아니라, 대화하는 상대방의 의중을 이해하는 것도 문해력이다. 막대한 분량의 다양한 정보가 엄청난 속도로 쏟아지는 상황에서 꼭 필요한 정보를 찾아내고, 이를 나의 지식으로 쌓아 가는 능력은 꼭 필요하다.

디지털 문해력의 개념을 소개한 폴 길스터에 의하면, 디지털 문해력은 단순히 컴퓨터를 활용하는 것이 아니라, 그것을 통해 정보를 찾고, 찾아낸 정보의 타당성을 평가하고, 그 정보를 자신의 목적에 맞게 활용하는 능력까지 포함한다.[32]

또한 SNS의 홍수 속에서 정말 유익하고 필요한 정보를 선별하고 분류하는 것도 디지털 문해력의 필수 요소다. '수용하는 문해력'이 좋지 못하면 많은 것을 읽고 들어도, 내 안에 정리되어 남지 못한다. 그로 인해 어휘력이 빈약해지고 표현법이 다양하지 못해 지루한 발언자의 한계를 벗어나지 못한다. 현대 사회에서 지식은 폭증하지만, 이를 제대로 수용하는 문해력은 갈수록 떨어지고 있다. 이동진 영화 평론가는 영화 "기생충"(한국, 2019)을 한 문장으로 이렇게 평가했다. "상승과 하강으로 명징하게 직조해 낸 신랄하면서 처연한 계급 우화." 이 문장을 두고 갑론을박이 벌어졌다. 이 표현을 비판하는 이들은 "이해할 수 없는 용어를 써서 자기 지식을 자랑하는 것이 아니냐"고 항변했다. 이에 대해 이동진 영화 평론가는 "영화에 드러난 수많은 주제와 이미지를 별점으로 평가하듯 문장으로 표현했다"고 답했다. 문해력의 차이가 빚어진 일화이기는 하지만, 리더는 문장을 충분히 이해하는 능력을 길러야 한다.

'전달하는 문해력'은 내 안에 쌓인 생각을 잘 정리해서 상대방이 납득하도록 표현하는 것이다. 자기가 주장하고 싶은 내용을 글과 말로 표현하고 전달해서 궁극적으로는 상대방을 설득하는 것이다. 메타버스 교회학교를 운영할 때는, 디지털로 메시지를 표현해야 하는 일이 많기 때문에 디지털 문해력이 필수적이다. 디지털 기기를 사용해서 전달하려는 내용을 적절하게 표현해야 한다.

자기가 말하고자 하는 내용을 제대로 전달하지 못하면, 사업 영역에서는 큰 손실을 보게 되고, 리더는 자기 역할을 제대로 수행하지 못하게 된다. 유튜브 채널에서는 아무리 흥미로운 내용이라도 이를 제대로 전달하지 못하면 구독자가 순식간에 떨어져 나가기 때문에, 콘텐츠를 효과적으로 표현하려고 엄청난 투자를 한다.

"당신이 알고 있는 것을 여러분의 할머니가 이해할 수 있게 설명하지 못한다면 당신은 그것을 진정으로 알고 있는 것이 아니다."[33]

이는 표현하는 문해력의 중요성을 강조하는 문장인데, 정말 맞는 말이다. 문해력을 키우기 위해서는 지속적인 노력을 기울이는 수밖에 없다.

문학적 문해력 향상을 위해서는 많은 문장을 대하고, 다양한 표현을 익혀야 한다. 언어에도 유통기한이 있기에 사라지는 표현이 있는가 하면, 시대를 초월하는 표현이 등장하기도 한다. 메시지를 준비하고 전달하는 이들은 그 어떤 표현으로 된 문장도 이해하고 자유자재로 사용해야 한다. 이를 위해 항상 글을 만나고 쓰는 훈련을 몸에 익혀야 한다. SNS 문화가 보편적인 오늘날, 문해력이 떨어졌다고 말하는 이들도 있지만, 오히려 SNS를 활용해 문해력이 강화될 수도 있다. 최근 긴 문장의 글을 제대로 읽지 못하고 이해하지 못하는 현상이 늘고 있다. 짧은 표현에 익숙해지면서 새로운 문장과 단어에 대한 이해도가 떨어진 결과다.

김영하 작가는 새롭고 낯선 표현을 보거나 들으면, 수첩에 기록했다가 필요할 때 쓴다고 한다. 김시선 영화 평론가는 한 청취자의 표현을 듣더니, 그 문장을 자기가 활용해도 되는지 허락을 구했다. 그러한 노력이 모여서 표현력을 탁월하게 한다.

카피라이터는 사람의 마음을 움직이는 광고 문구를 얻기 위해 엄청난 투자를 한다. 소설가는 소설 한 줄을 쓰기 위해 깊은 고뇌의 문을 통과한다. 윤동주 시인은 그의 시 "쉽게 씌어진 시"(1942)에서 "인생은 살기 어렵다는데, 시가 이렇게 쉽게 씌어지는 것은 부끄러운 일이다"라고 고백했다. 메타버스 교회교육을 위한 메시지도 이처럼 깊은 숙고와 단련 가운데 전해져야 한다.

메타버스 교회교육을 원활하고 효과적으로 감당하려면 그 어떤 능력보다 문해력이 중요하다. 새로운 기술의 등장과 현상을 설명하는 용어와 전통적인 명문을 이해하고, 이를 잘 표현해 효과적으로 전달해야 한다.

5) 디지털 홍보 방식을 활용하라

"All Things New" 집회를 시작하면서 수련회 개회를 결정하지 못한 교회들의 동참을 바라며 포스터를 제작해 온라인에 홍보했다. 한 교회에서는 종이 포스터를 요청했다. 이전의 전통적 집회에서는 집회 계획을 세우면 포스터를 만들어 각 신학교와 교회에 직접 가서 홍보하거나 우편으로 발송했다. 이 일을 위해 엄청난 경비가 지출되고 많은 인력이 동원되었다. 아날로그 시대에는 종이 포스터가 효과적이었지만, 온라인 시대에는 디지털 기기를 이용한 웹 포스터가 훨씬 유용하다. 디지털을 활용한 온라인 홍보는 상상을 뛰어넘는 효과를 거둘 수 있다.

강사들이 수련회를 홍보하는 동영상을 만들어서 이를 SNS에 공개했다. 강사들이 디지털 감성을 잘 이해하고 있어서 각자의 개성을 살려 수련회

첫째 날 찬양 : 김신 파일럿

첫째 날 간증: 채주연 수어 통역사

이번 연합 수련회를 통해서 여러분들 만나게 되었습니다.

| 첫째 날 찬양 : 김한나 교수 | 둘째 날 간증 : 이종한 카페 대표 |

를 소개하는 재밌는 동영상을 만들었다. 이렇게 만든 동영상을 여러 채널에 소개했다.

SNS에는 캠프 홍보 동영상을 다양하게 만들어 공유했다. 이전에는 이러한 홍보 동영상을 만들려면 많은 경비를 지출해야 했고, 이를 광고로 노출하려면 그보다 더 많은 경비가 필요했다. 하지만 지금은 영상 편집 앱을 이용해 동영상을 만들고 이 영상을 바로 SNS에 연동하여 순식간에 온라인 세상에 올릴 수 있다. 이 영상을 강사들과 참가 교회에 공유하면 각자가 가진 팔로워들에게 바로 공개된다.

| SNS에 올린 홍보 영상들 | 캠프 기도 제목 |

당시 나의 SNS 팔로워는 4,700명이었기에 내가 홍보 동영상을 올리면 기본적으로 4,700명에게 공개가 되었다. 거기에 팔로워들이 그 동영

상을 재공유하면 홍보 효과는 기대 이상이 된다. 이러한 가치를 아는 기업에서는 온라인에 자사 제품을 알리는 데 사활을 걸고 있다.

기도 제목 카드를 웹으로 제작해서 SNS에 올리고 캠프에 참가하는 교회들에 발송했다. 기술적으로 준비하는 것도 필요하지만, 영적으로 준비하는 것은 아무리 강조해도 지나치지 않기 때문이다. 기도 제목 카드를 받은 교회에서는 각자의 교회 홈페이지나 밴드에 공유하고 학생들에게 발송하여 이 캠프를 기도로 준비하게 한다. 현장 캠프든 온라인 캠프든 기도로 준비한 캠프가 은혜롭게 진행되고, 기도로 준비한 참여자가 은혜를 받는다.

이처럼 메타버스 교회학교를 디지털 마인드로 준비하면 경비를 획기적으로 줄이고 온라인에서 놀라운 결과를 얻을 수 있다. 아날로그 시대를 오랫동안 살아온 사람들은 이러한 디지털 문화의 개념을 모두 알기 어렵다. 그들은 여전히 많은 자원을 준비하고 인력을 동원해야 시각적으로 안심이 된다. 메타버스 시대는 지금까지의 전달법과는 완전히 다르다.

교육의 내용을 구성했던 문자 언어에서 벗어나 다양한 미디어를 통해서 새로운 현실과 경험을 가르쳐야 할 시대가 되었다.[34]

디지털을 기반으로 홍보 활동을 활발히 하면서 놀라운 일이 일어났다. 처음 수련회를 기획할 때는 6~7개 교회의 청소년이 80명 내외만 참석해도 좋겠다고 생각했다. 독자적인 수련회를 열기 힘든 교회와 함께하려고 생각했기 때문에 대규모 참석자는 생각하지도 않았다. 그런데 최종적으로 14개 교회 210명이 참석하게 되었다.

익숙하다는 이유로 지금까지 해 온 방식을 고수하면 효과도 없이 많은 것을 낭비할 수 있다. 새로운 포도주는 새 부대에 담아야 하듯, 새로운 시대에는 새로운 방식으로 문제를 풀어야 한다.

메타버스 교회교육에서는 이러한 새로운 패턴을 활용해, 효율적이면서도 효과적인 사역이 얼마든지 가능함을 다시금 확인했다. 대외 행사만이 아니라, 내부 행사를 준비하면서도 디지털 홍보 방식을 활용하면 기대 이상, 투자 이상의 효과를 충분히 거둘 수 있다.

6) 디지털 소통 방식을 활용하라

메타버스 교회교육에서 디지털 영역은 갈수록 강화되고 있다. 말하는 것과 글로 표현하는 방식이 크게 다르듯 디지털 표현 방식은 말과 글의 표현법과는 본질적인 차이점이 있다. 영화 "쿼바디스"(미국, 1955)에는 핍박받던 그리스도인들이 서로를 알아보는 신호를 사용한다. 물고기 문양을 그려서 보여 주는 것이다. 영화에서 한 하녀가 바닥에 가루를 흘리고 그 위에 물고기 문양을 그리며 자기가 그리스도인임을 알린다. 물고기 문양은 초대 그리스도인의 신앙고백이었다. 물고기의 헬라어가 '익투스'인데, **"예수님은 그리스도이시며 하나님의 아들이시며 우리를 구원하실 구세주입니다"**라는 헬라어 문장에서 단어들의 첫 글자를 모으면, 물고기를 의미하는 '익투스'가 된다. 이 상징을 통해 그리스도인들은 서로의 정체성을 표현했다. 이처럼 자기의 뜻을 알리는 방식은 이전에도 존재했고, 문명이 발달하면서 그 방식이 다채롭게 변화되었다.

1990년대 중반만 하더라도 전화는 공유의 개념이었다. 각 가정에 있는 전화기 한 대로 모든 가족은 각자의 사회적 관계와 의사소통을 했다. 삐삐로 불리는 호출기가 등장하면서 통신 장치의 개인화가 시작되었다. 이전에는 소식을 전하려면 전달자가 있어야 했다. 그러나 호출기의 등장으로 개인 대 개인의 의사소통이 가능해졌다. 이런 시대 변화에 발맞추어 호출기를 활용한 의사 전달법이 등장했다. 특정 문장을 연상시키는 숫자를 조합해 메시지를 전달하는 방식이다.

- 01455: 빵하나사오오-"빵 하나 사오세요."
- 1010235: 열열이삼오-"열렬히 사모합니다."
- 11010: 숫자들을 옆으로 눕히면 "홍"으로 보인다.
- 9977: 구구칠칠-구구절절 하고 싶은 이야기가 많다.

아무 의미 없는 숫자를 조합해 소리 나는 대로 만들어 하나의 문장으로 표현했다. 기성세대는 아무래도 문장과 텍스트로 의사를 전달하는 방식이 수월하다. 그래서 텍스트 중심의 SNS인 페이스북을 많이 이용한다. 하지만 갈수록 이미지로 개인 의사를 표현하는 방식이 다양해지고 있다. 그러므로 이러한 세대를 이해하면서 그들의 소통 방식을 이해하고 메신저가 전하려는 내용을 효과적으로 전달해야 한다.

기성세대는 문장과 글로 표현하는 것이 수월하지만 새로운 세대는 특이한 사진이나 이미지를 만들어 '짤'이라고 부르며 의사를 표현한다. 디지털 기기의 이모티콘으로 감정을 표현하기도 한다. 목회자와 사역자들이 학생들에게 의사소통을 하면서, 이러한 디지털 기기의 표현법을 활용하면 같은 감각을 가진 동류로 인정받는다. 그리고 많은 말을 하는 것보다 훨씬 더 깊은 감정 전달이 가능해진다. 문자가 발명되기 이전에 지식과 문화는 구전되었다. 방대한 지식이 구전되기 위해서는 독특한 표현으로 암송이 용이하도록 재편집되어야 했다. 문자가 발명되고 지식 전수가 문자로 가능해지면서 효과적인 문자 전달법인 문법이 활용되었다. 과학의 발달로 디지털 신호로 음성과 영상을 전달하는 것이 가능해지면서, 이를 효과적으로 전달하기 위한 다양한 방식이 재정립되고 있다.

광고 기법도 언어 중심과 문자 중심일 때가 다르며, 영상 중심의 시대에는 더욱 달라진다. 지난 시절의 광고 영상이나 문구를 보면 굉장히 어색하고 납득이 안 되는 것이 많다. 그만큼 의식 구조와 표현 방식이 달라졌기 때문이다. 그러므로 메타버스 교회학교를 효율적으로 운영하려면, 새로운 시대의 표현법을 익히고 활용하면서 복음의 메시지를 시대 상황에 맞추어 전달해야 한다.

3. 창의력을 개발하라

7) 지난주와는 달라야 한다

교목으로 섬기면서 채플 설교와 성경 수업에 학생들의 참여도를 높이는 일에 집중했다. 고등학교는 학생의 85%가 불신자였기에, 학생들의 무관심과 반감이 상당했다. 이러한 반감을 극복하고 학생들이 성경 수업과 채플에 집중하도록 하는 것이 과제였다. 전통적인 수업 방식과는 전혀 다른 방식으로 실마리를 풀어가야 했다. 이를 위해 다양한 방법을 시도했다.

매너리즘은 감동을 줄인다. 익숙해지면 감동을 얻기 어렵다. 그러므로 항상 새로운 시도를 하는 것이 메타버스 교회학교의 중요한 요소다.

김지영 교수는 학습을 디자인하기 위해 3가지의 익숙한 것과 결별하

라고 충고한다.[35]

1) 가르치는 역할과 결별하라.
2) 알려주겠다는 목표와 결별하라.
3) 늘 하던 방식과 결별하라.

이러한 원칙에 따라 매번 다른 성경 수업을 준비했다. 한번은 학생들이 가진 휴대폰으로 나에게 성경 요절을 문자로 보내는 방식을 도입했다. 칠판에 해당 요절을 적고 나의 휴대폰 번호를 칠판에 적어 주면 학생들이 문자로 요절을 찍어 보내는 방식이다. 누구보다 빨리 보내고 오타 없이 발송하면 매점 상품권을 상으로 주었다. 학생들은 정말 열화와 같은 반응을 보였다. 학생들이 휴대폰으로 문자를 보내면, 반장과 함께 문자를 보낸 학생들의 번호와 문자를 확인한다. 문자를 보낸 번호가 호명되면, 그 번호의 주인은 환호성을 지르며 좋아한다. 그러나 오타가 발견되면 다시 절망하고 장내는 웃음으로 가득해진다. 두 번째 번호를 호명할 때가 되면 학생들의 집중력이 최고도에 이른다. 이런 방식으로 학생들의 성경 암송을 돕고, 성경 수업에 학생들의 관심을 끌었다.

"다윗과 골리앗" 영화 포스터를 만드는 시간은 아직도 기억에 남는 퍼포먼스였다. 먼저 여러 사무실을 돌면서 신문지를 모았다. 학생들에게 준비물을 가져오라고 해도 잘 준비하지 않기 때문에 미리 준비해야 했다. 영화 포스터를 만들 종이와 가위, 풀도 미리 챙겨야 한다. 영화 포스터 샘플을 보여 주기 위해 극장을 돌면서 영화 전단지도 확보했다. 첫 시간에는 이번 프로젝트를 설명하고 다윗과 골리앗의 이야기를 해 준 후

학생들을 조별로 나눈다. 각 조원들에게 영화 전단지를 나누어 주고, 조별 토의를 통해 포스터의 윤곽을 잡고 제작하기 시작한다. 1, 2, 3위를 하는 조에게는 학생들이 탐낼 만한 간식을 제공한다고 발표하면 더 효과적이다. 영화 포스터에는 다윗과 골리앗의 이야기가 반드시 표현되어야 하기에 학생들은 성경 이야기를 계속 생각하면서 작업한다. 각자의 관점에서 만들어진 포스터들은 교목실에 부착해서 별점을 받게 했고, 가장 많은 별점을 받은 조에는 별도의 시상을 했다.

예수님의 비유를 수업할 때는 각 조별로 이를 콩트로 만들어 진행하는 퍼포먼스를 진행했다. 이 과정을 통해 학생들은 성경 수업을 고리타분한 교리 교육이 아니라 신나는 활동과 특별한 프로그램이 있는 즐거운 시간으로 여기게 되었다.

하버드대학교의 새뮤얼 아브스만 교수는 『지식의 반감기』(책읽는수요일, 2014)에서 우리의 지식이 수명을 잃어간다고 주장했다. 그의 연구 결과에 따르면 물리학은 반감기가 13.07년, 경제학은 9.38년, 수학은 9.17년, 심리학은 7.13년, 종교학은 8.76년이라고 한다.[36]

사람들의 지식 수준이 이렇게 급속히 변한다는 것은 그만큼 관심 분야가 달라진다는 것을 의미한다. TV 예능 프로그램이나 영화도 대중의 취향에 맞추어 변하지 않으면 도태해 버리고 만다. 그러므로 교수법을 다양하게 개발하는 것은 아무리 강조해도 지나치지 않는다.

내가 교목으로 섬기던 2000년대 초반에는 한 달에 2번씩 토요일에 학교에 가지 않는 '놀토' 프로그램이 있었다. 그로 인해 일주일에 한 번씩 토요일 수업을 대체하느라 성경 수업이 없어지는 경우가 생겼는데, 성경 수업이 토요일 수업으로 대체되어 아쉽다는 학생들의 이야기를 듣고 보람을 느꼈다. 2004년도에는 대광고등학교의 한 학생이 미션 스쿨에서의 채플 시간이 부당하다고 소송을 제기하여 미션 스쿨 내 위기감이 고조되었다. 내가 섬기던 학교 홈페이지에도 이에 동조하는 게시물이 올라왔다. 미션 스쿨의 종교 수업과 채플은 강제 종교 세뇌 행위이기에, 학생들은 이를 거부해야 한다는 내용이었다. 그런데 그 게시물 밑에는 재학생들의 이런 댓글들이 올라왔다.

"우리는 채플이 재밌는데요?"
"우리는 성경 수업을 기다려요."
"우리 학교 성경 수업은 엄청 신나요."

그런 댓글들이 계속 달리면서 더는 비방성 게시물이 달리지 않았다.
메타버스 교회학교에서 새로운 콘텐츠를 지속적으로 생산하는 일은 여간 어려운 일이 아니다. 많은 구독자를 거느리고 있는 유튜버들조차 매번 새로운 콘텐츠를 만들어 내야 한다는 부담감에 심각한 정서 장애를 입기도 한다. 어떤 경우에는 소재가 고갈되었다면서 활동을 중지하기까지 한다. 하지만 우리 영감의 원천은 하나님이시다. 하나님이 그분의 자녀들에게 좋은 꼴을 먹이려고 수고하는 이들에게 새로운 통찰력과 영감들을 부어 주신다.
수많은 채플과 강단에서 학생들을 대상으로 설교하면서 나름대로 정립한, 새로운 콘텐츠 만드는 방법을 공개한다.

창의적인 콘텐츠를 만드는 방법

1. 지루한 화면은 피하라. 작은 변화라도 주어야 한다.(예: 설교자의 의상, 강대
   상 소품 등)

2. 표현을 다양하게 하라.

3. 예화 자료(사진, 동영상 등)는 고화질로 준비하라.

5. 너무 지나친 기법을 사용해 역효과를 내지 않도록 주의하라.

6. 동영상보다는 사진이 효과적이다.

7. 개인이 준비한 사진이 더욱 생생하다.

8. 개인적인 사진을 너무 많이 사용하지 말라.

9. 시의성이 떨어지는 자료는 가급적 사용하지 않는다.

10. 주제와 연결되는 사진을 올려야 한다.

메타버스 교회교육을 기획하고 준비하고 실행하는 일은 모든 것을 쏟
아 부어야 하는 극한 직업이다. 하지만 이를 통해 하나님의 자녀들이 하
나님의 말씀을 먹고 빛의 군대로 자라는 것을 목격하면, 그 어떤 고단함
에도 지지 않고 다시 시작할 힘을 얻게 된다.

8) 창조는 결합이다(에디톨로지)

메타버스 교회교육을 진행하면서 남들과 다른 독특함을 유지하는 것
은 정말 중요하다. 이것을 '시그니처'라고 한다. 이것은 어떤 사람이나
사물을 대표하는 성질을 뜻하며, 누구도 대체할 수 없는 나만의 고유성
을 의미한다.[37]

수많은 콘텐츠가 홍수처럼 쏟아지는 상황에서 독특한 콘텐츠의 중요성이 승패를 결정한다. 그 누구도 흉내 낼 수 없는 독특한 콘텐츠를 '킬러 콘텐츠'라고 한다. 메타버스 교회교육에 참여하는 학생들에게 강력한 킬러 콘텐츠를 제공하는 것은 그 어떤 요소보다 중요하다. 이러한 킬러 콘텐츠를 만드는 능력을 지속적으로 향상시켜야 한다.

김정운 문화 심리학자는 "창조는 편집"이라는 메시지를 표현하려고 에디톨로지라는 단어를 만들었다.[38] 기존의 요소를 색다르게 편집할 때, 이전에는 없던 새로운 개념과 제품이 탄생한다는 것이 그의 주장이다. 스티브 잡스는 그 시대의 여러 요소를 하나로 모아서 스마트폰으로 재편집했을 뿐이라는 것이다. 영화 "스타워즈" 시리즈를 대표하는 아이콘은 광선 검이다. 이 광선 검은 미래 시대를 표현하는 광선과 중세 시대를 연상시키는 검을 연결하여 누구도 상상하지 못한 개념을 나타냈다.

이러한 방식을 즐겨 쓰는 이는 소프트뱅크의 손정의 회장이다. 그는 여러 장의 카드에 자신이 관심을 가지는 단어들을 하나씩 쓴 후에 섞는다. 그리고 두 장을 꺼내어 이를 결합한다. '자동차'라는 단어와 '커피'라는 단어가 나오면, 이 두 가지를 결합하는 새로운 사업 아이템을 구상한다는 것이다. 이를테면 자동차를 타고서 커피를 살 수 있는 사업은 어떤 것인가를 생각한다는 것이다.[39]

이 관점을 메타버스 교회학교에서는 어떻게 적용할 수 있을까? 많은 사람이 관심을 가지는 콘텐츠를 성경과 연결하면서 새로운 메시지를 발견할 수 있다. 영화 "어벤져스: 엔드게임"(미국, 2019)에 사람들이 열광할 때 나는 영화 속 최강 빌런(악당)인 타노스가 사용하는 인피니티 스톤(Infinity Stone)을 활용해 설교했다. "사람들은 전 우주의 생명체를 사라지게 하는 인피니티 스톤을 부러워한다. 그 인피니티 스톤을 갖는다면, 과거로 돌아가서 후회스러운 일을 고치고, 가고 싶은 장소로 순간 이동하는 능력을 발휘하리라고 생각한다. 그러나 인피니티 스톤은 영화에서나 존재할 뿐이다. 이보다 더욱 강력한 스톤이 우리 주변에 있다. 그 스톤은 인피니티 스톤을 가볍게 이기는 놀라운 능력이 있다. 바로 리빙스톤(Living Stone)이다."

> "사람에게는 버린 바가 되었으나 하나님께는 택하심을 입은 보배로운 '산 돌'이신 예수께 나아가"(벧전 2:4).

여기에서 '산 돌'은 산에 있는 돌이나 돈을 주고 산 돌이 아닌, '살아 있는 돌'(Living Stone)이다. 이 돌은 죽은 이를 살려 내며, 살아갈 힘을 갖게 한다. 이 돌은 바로 반석이신 예수 그리스도시다.

이러한 접근법에 많은 학생이 복음을 더 확실하게 이해하게 되었다고 이야기했다. 우리가 보고 듣는 많은 미디어를 메타버스 교회교육 관계자들은 그냥 소비해서는 안 된다. 시청률이 높다는 것은 그 콘텐츠에 시대 정신을 반영하는 무언가가 있다는 뜻이다. 이를 복음과 연결하면 효과적으로 복음의 메시지를 전할 수 있다.

"사이코지만 괜찮아"(한국, 2020)라는 드라마 속 한 장면이 눈길을 끌었다. 베트남 전쟁에서의 후유증으로 고통 받는 한 노인이 정신 병원에 수용되어 있다. 가끔 주어지는 외출 시간에 버스를 탄 그는 병원에서 벗어나 잠시나마 자유를 만끽하는 순간에 공사장 소음을 듣게 된다. 땅을 파는 굴착기 소리를 듣자, 그 노인은 베트남 전쟁 당시의 총성을 연상하고 심하게 고통스러워한다. 그 버스의 승객 중에는 자폐증을 앓는 청년이 있었다. 자기 앞가림도 제대로 못 하는 그 청년은 노인을 자기 점퍼로 덮어 주며 괜찮다고 다독여 준다. 잠시 후 노인은 안정을 되찾았다. 자폐가 있는 사람도 얼마든지 위로자가 될 수 있다는 모습을 보고 '상처 입은 치유자'를 떠올렸다.

이 모습을 보면서 우리의 고통을 전능하신 주께서 그분의 옷자락으로 덮어 주신다는 생각이 들었다. 그 생각이 떠오르면서 젊은 과부의 몸으로 이방 땅인 베들레헴에 온 룻을 덮어 주시는 하나님의 사랑이 연상되었다. 룻은 자기 고향에서 새롭게 출발할 수 있는데도 시어머니인 나오미의 하나님을 선택했다. 이 이야기를 알고 있는 보아스는 룻에게 따스한 하나님의 축복을 전한다.

"여호와께서 네가 행한 일에 보답하시기를 원하며 이스라엘의 하나님 여호와께서 그의 날개 아래에 보호를 받으러 온 네게 온전한 상 주시기를 원하노라"(룻 2:12).

하나님의 인도하심을 점차 알아가는 룻은 하나님의 은혜를 구한다.

"이르되 네가 누구냐 하니 대답하되 나는 당신의 여종 룻이오니 당신의 옷자락을 펴 당신의 여종을 덮으소서"(룻 3:9).

이 메시지에 연관되는 찬양으로 "주 품에 품으소서"(Still, 2002)가 떠올랐다. 이 찬양의 영어 가사는 "Hide me now under Your wings"로 시작한다. "하나님의 날개 아래 나를 숨겨 주십시오. 덮어 주십시오"라는 찬양 가사를 함께 설명하면 은혜는 더욱 깊어진다.

'머피의 법칙', '하인리히의 법칙', '파레토의 법칙' 같은 개념을 성경 메시지와 어떻게 연결하면 좋을까도 고민한다.

나의 기억력에는 한계가 있기에 어떤 아이디어가 떠오르면 즉시 스마트폰의 메모장에 간략하게 기록해 놓는다. 하루 종일 고민하면서도 풀리지 않던 설교 주제나 중요한 예화 실마리가 문득 떠오르기도 하는데, 몰입의 법칙처럼 한 가지 문제를 지속해서 묵상하면 의외의 생각이 느닷없이 떠오르기도 한다. 이것을 '내일 기록해 둬야지'라고 생각하고 잠들면 다음날 아무 생각도 떠오르지 않는 경우가 많다. 그래서 반드시 메모하고 그 내용을 보완해 메시지를 완성한다.

창조를 위한 편집 기술을 지속적으로 활용하면 메타버스 교회학교에 꼭 필요한 창조적인 메시지를 얻을 수 있다.

9) 주제와 소제목을 라임으로 연결하라

강의와 설교에서 제목은 그 메시지를 함축해서 보여 주는 중요한 기능을 한다. 한 번 듣기만 해도 호기심을 유발하거나 미소 짓게 하거나, 번뜩이는 성찰이 포함되면, 이미 반은 성공한 것이다.

1960년대 인종차별로 미국이 극렬한 분쟁에 휘말릴 때, 마틴 루터 킹 목사는 이를 해결하기 위한 설교를 했다. 설교 제목은 "나에게는 꿈이 있습니다"(I have a dream)이다. 흑백 갈등이 해결되고 서로가 조화롭게 살아가는 사회를 꿈꾼다는 내용으로, 이 제목을 각 문단을 시작하는 라임으로 사용해 많은 이의 관심을 끌었고, 엄청난 반향을 끌어냈다.

이처럼 라임이 잘 짜인 메시지의 제목과 소주제는 기억하기도 좋고, 사람들의 마음을 열게 만들기도 한다. 서구에서 시인들은 이러한 라임을 맞추어 시를 지었으며, 음악가들도 이러한 라임을 맞추어 가사를 만들기도 했다. 게다가 요즈음 세대는 랩을 많이 듣기 때문에 라임으로 주제를 정하는 것은 굉장히 효과적인 접근법이다. 잘 맞추어진 라임으로 된 제목과 작은 주제들을 접하면, 청중은 일단 설교자가 굉장히 많이 준비했다는 호감을 갖게 된다.

지난 3월에 서울 한성교회 중고등부 수련회에서 설교를 하면서 설교 제목을 "Because Of Jesus"로 지었다. 그 수련회의 주제 성구는 빌립보서 1장 5절로, "어그러지고 거스르는 세대 가운데 빛으로 나타내라"였고, 주제는 아주 특이하게도 "때 빼고 광내고"였다. 내용은 현대의 왜곡된 가치관으로 자존감을 잃어버리지 말고, 성경의 가치관으로 자기 자신의 진정한 모습을 회복하자는 것이었다. 이 설교의 전체 메시지는 우리의 외적 평가에 상관없이 "예수님 때문에 우리는 소중하고, 아름답고, 강한 존재"라는 것이었다. 이 메시지를 전하기 위해 라임으로 작은 주제들을 잡았다.

  1) 나는 예수님 때문에 완전한 존재다(I am perfect because of Jesus)

  2) 나는 예수님 때문에 눈부신 존재다(I am beautiful because of Jesus)

  3) 나는 예수님 때문에 강력한 존재다(I am strong because of Jesus)

나는 예수님 때문에 완전한 존재다(I am perfect because of Jesus)

어떤 학교에 다니는지, 어떤 직장을 다니는지에 따라서 그 사람의 가치를 평가한다. 남들보다 높은 지위를 가지면 교만하고, 낮은 자리에서 거하면 절망한다. 사람들이 나의 가치를 알아주지 못해도 나는 눈부신 가치가 있는 존재다. 이 이야기를 전하면서 예화로, 바자회에 나온 청나라 황제 건륭제의 주전자와 레오나르도 다빈치의 그림 "살바토르 문디"의 경매 이야기를 했다.

나는 예수님 때문에 눈부신 존재다(I am beautiful because of Jesus)

멋진 장식물과 의상으로 치장하고 자기를 가꾸는 것이 진정한 아름다움이 아니다. 다니엘은 왕의 진미를 포기하고 채식만 했는데도 멋짐이 폭발했고, 에스더는 다른 보석으로 치장하지 않아도 아름다움이 최고였다. 다니엘과 에스더는 전쟁 포로와 노예였지만 최고의 지위를 누렸다.

나는 예수님 때문에 강력한 존재다(I am strong because of Jesus)

하나님의 사람은 세상의 힘과 능력이 아닌 하나님의 능력으로 살아간다. 독수리는 시속 200km의 속력으로 날 수 있는데, 이는 자기의 날개 힘으로 얻는 속력이 아니다. 날개를 펴서 거세게 부는 바람을 타고 나는 것이다.

"오직 여호와를 앙망하는 자는 새 힘을 얻으리니 독수리가 날개치며 올라감 같을 것이요 달음박질하여도 곤비하지 아니하겠고 걸어가도 피곤하지 아니하리로다"(사 40:31).

세상의 힘을 얻어 사는 인생은 결국 지렁이 같은 인생인데, 이는 시속 100m에 불과하다.

"지렁이 같은 너 야곱아, 너희 이스라엘 사람들아 두려워 말라 나 여호와가 말하노니 내가 너를 도울 것이라 네 구속자는 이스라엘의 거룩한 자니라"(사 41:14, 개역한글).

이 주제들을 라임을 살려서 반복하면 리듬감 있고 탄력적으로 설교할 수 있다.

4. 열정이 있으면 길이 보인다

10) 일단, 시작하라

나는 해외 유학생 집회인 코스타(KOSTA) 사역을 14년 차로 섬기고 있다. 은혜를 사모하는 해외 유학생들과 함께하는 집회에는 은혜와 감동이 가득하다. 그런데 코로나19 여파로 2020년 2월 유럽 코스타를 마지막으로 지역 코스타가 중단되었다. 하지만, 코스타는 절대 멈추지 않는다.

캐나다의 밴쿠버 코스타를 시작으로 온라인 코스타가 시작되었다. 서울 방이동 코스타 본부에 스튜디오를 설치하고, 해외 각 지역과 온라인으로 연결했다. 해외 현지와는 시차가 맞지 않아서 밴쿠버 코스타는 밤을 꼬박 새우며 진행했다. 코스타에는 강단과 청중의 시간이 전부가 아니다. 복도와 식당과 곳곳에서 집회에 참가한 코스탄들과 강사들과의 긴밀하고도 역동적인 집회가 시그니처다.

　이렇게 현장에서 대면으로 만나는 것이 핵심인 이 사역을 온라인으로 진행해도 그 현장감과 감동을 그대로 전할 수 있을까? 결과는 대성공이었다. 온라인 코스타는 어느 강사의 말대로 역대 코스타 코스트(cost, 비용)가 가장 적게 든 코스타였지만, 그 어느 코스타보다 강력한 은혜가 있는 시간이었다. 코스타에 참가하는 강사는 경비를 스스로 부담해야 하는데 이런 상황을 잘 아는 사람들은 그 강사의 말에 깊이 공감했다.

　무언가를 시작하면 변화가 일어난다. 해외로 나가야만 가능한 코스타는 비행기가 멈추고 출국이 거의 불가능해지면서 포기할 수밖에 없는 상황이었다. 그러나 "할 수 없다", "불가능하다"라며 포기하는 것이 아니라, "그럼에도 불구하고 해야 한다"라는 간절함이 결국은 방법을 찾아내게 했다. 33년간이나 진행되던 집회 방식을 바꾸는 것은 여간 어려운 일이 아니었다. 하지만 이 집회의 가치를 아는 사람들의 열정이 새로운 방법을 찾아냈다. 온라인 코스타가 계속 진행되면서 새로운 프로그램들이 만

들어졌다.

코스타는 많은 지역 사역
자의 전적인 헌신으로 이루
어진다. 지역 사역자들은 코
스타 기간에 행사를 뒷받침
하느라 분주하다. 그들을 위
한 웨비나(webinar, 온라인 세
미나)가 진행되었다. 나는 비
대면인 언택트(untact) 시대

에 어떻게 하면 온택트(ontact) 사역이 가능한지를 함께 나누었다. 사역
의 패러다임에 대해 강의하고, 실제적인 사역에 대해 질의와 응답을 하
면서 많은 영감을 나누었다.

어떤 일이든 처음부터 완전한 프로그램이 만들어지지 않는다. 수많은
시행착오와 개선을 통해 차츰 완전해져 간다. 일단 버전 1.0으로 시작해
야 한다. 시작하는 것과 마음을 먹는 것은 그 차이가 엄청나다. 간절해지
면 용감해진다. 용감하게 도전을 하면 보이지 않던 길이 조금씩 윤곽을
보이게 된다. 아담 플랭클린은 이렇게 말했다.

"해 보지 않고서는 당신이 무엇을 해낼 수 있는지 알 수 없다."[40]

메타버스 교회교육은 여건이 넉넉하고 경험치가 충분해서 하는 것이
아니다. 지금 이것 외에 다른 방법이 없기에 일단 시작하는 것이다. 이러
한 갈급함으로 시작하면, 나름대로의 노하우를 얻고 부족한 부분은 보완

하면서 점차 효과적인 사역을 만들어 가게 된다.

김도인 목사는 그의 책『언택트와 교회』(글과길, 2021)에서 "인터넷 이용자의 90%는 관망하며, 9%는 재전송이나 댓글로 확산에 기여하고, 1%만이 콘텐츠를 창출한다"라고 했다.

많은 이가 걱정하고 염려한다. 누군가 새로운 것을 시작하면 그것에 어떤 문제점이 있는지를 지적한다. 하지만 그것을 시작하는 이들은 극히 소수에 불과하다. 역사는 그렇게 시작하는 소수의 사람으로 만들어진다. 성공할 가능성이 높기 때문에 시작하는 것이 아니라, 이러한 방식으로라도 해야 한다는 간절함이 시작하게 한다.

당신은 강 건너 불구경을 하는 관망자인가, 자신의 사명을 알고 일단 시작하는 실천자인가?

메타버스 교회교육은 시대적인 상황이 메타버스로 급속히 이동하는 과정에서 교회를 돌보고 성도들을 세우며, 다음세대를 양육해야 한다는 몸부림에서 시작되었다. 이러한 시도가 점차 다양한 프로그램을 치루면서 놀라운 경험치들이 쌓이고, 더욱 효과적인 사역이 가능하게 되었다.

호주의 군대는 해외에서 분쟁이 발생하면 가능한 그 전투에 참여하려고 한다는 이야기를 한 호주인에게 들었다. 아무리 훈련을 많이 해도 실전보다 중요한 것은 없다는 것이 그들의 기조라고 했다. 실제로 야전 경험이 많으면 승진에도 도움이 된다고 했다.

그렇다. 인생이 실전이듯이, 메타버스 교회교육도 실전이다. 팬데믹이 확산되면서 사역자들의 기존 업무가 제한을 받고 일이 줄었다고 생각할 수도 있다. 하지만 많은 사역자가 새로운 기술을 익히고 프로그램을 개발하느라 더욱 바빠졌다. 처음부터 완전한 시스템을 기대하지 말고, 처칠의 연설과 BTS의 노래처럼, 피와 눈물과 땀으로 만들어 가야 한다.

11) 유치하게 진행하라

인형극의 추억

내가 주일학교 교사로 섬기던 1980년대 초에는 교회학교 학생들을 위한 시청각 교재를 만들기 위한 눈물겨운 투혼이 있었다. 여름성경학교를 위한 노회 교사 강습회를 마치고 자체 교사 강습회를 하면서, 학생들에게 인형극을 보여 주자는 의견이 나왔다. 교회 자체에서 인형극 대본을 쓰고, 인형극에 사용할 인형을 교사들이 직접 만들었다. 신문지를 모아서 물에 불렸다가 풀과 버무려 인형을 만들었다. 천을 직접 사와서 인형 옷을 만들어 입혔다. 인형극 무대와 조명도 자체 제작했다. 인형극의 대본에 맞추어서 교사들이 땀을 뻘뻘 흘리면서 연습했다.

여름성경학교가 열렸고 인형극을 상연하면서 여러 불상사가 생겨 기획한 대로 진행되지는 않았지만, 학생들의 반응은 열광적이었다. 프로들의 무대와는 비교할 수 없는 수준이었지만, 교사들의 열정이 담긴 인형극은 학생들의 시선을 사로잡기 충분했다.

시청각 교재란 무엇인가

그 당시에는 토요일 저녁이 되면 주일학교 교사들이 교회에 모여 주일에 학생들에게 가르칠 공과의 시청각 재료를 만들었다. 담당 사역자는 교사들이 철저히 준비하고 학생들을 섬겨야 한다는 교육 철학을 갖고 있었다. 그때 담당 사역자는 항상 이렇게 강조했다. "시청각 교재를 어렵게 생각하지 말라. 시청각 교재란 아이들 앞에 서기 위해 사전에 준비한 모든 것이다. 스케치북에 요절을 쓰는 것만으로도 충분히 시청각 교재가 된다." 그 말에 많은 교사가 자신감을 얻었다. 아무리 짜내도 좋은 아이디어가 나오지 않아 요절을 스케치북에 적어서 아이들을 만날 때도 있었지만, 학생들은 눈을 반짝이면서 집중했다. 학생들이 "그래도 우리를 위해서 애는 쓰시네요"라고 말하는 듯한 느낌이 들 정도였다.

메타버스 교회학교에 필요한 것은 경쟁력 있는 높은 수준의 작품이 아니다. 방송에서 볼 수 있는 매끄러운 콘텐츠도 아니다. 교회에서 아무리 많은 노력을 기울인다고 해도 방송국에서 송출하는 콘텐츠와는 경쟁할 수가 없다. 메타버스 교회학교에서는 오히려 어설퍼 보이는 콘텐츠가 큰 영향력을 발휘하기도 한다. 최근에는 어설퍼 보이는 것들이 레트로 감성이나 '병맛 코드'로 불리면서 인기를 끌기도 한다. 도리어 작위적인 억지 설정을 '주작'이라고 부르면서 부정적으로 보기도 한다. 게다가 교회에서 제작한 영상 콘텐츠에는 방송국의 화려한 콘텐츠가 따라오지 못하는 두 가지 비밀 무기가 있다. 첫 번째는 콘텐츠를 만드는 교사와 목회자들의 영혼을 사랑하는 열정이 녹아 있다는 것이다. 두 번째는 하나님의 지혜를 구하고 기도하면서 만든 콘텐츠는 기도의 힘으로 엄청난 영향력을 나타낸다는 것이다. 이러한 콘텐츠는 오직 이윤 추구의 목적으로 만든 콘텐츠들과는 경쟁할 수 없는 특별함이 있다. 많은 사역자가 자기에게는 획기적인 아이디어가 없다며 소극적인 자세를 취하는 경우가 많다. 내성적이어서 학생들 앞에서 무엇을 하는 데 망설이는 사람도 있다. 혹은 완벽주의자 성향이 있어서 완벽한 작품이 아니면 아예 공개하지 않는 경우도 있다. 메타버스 교회교육에서는 일단 저지를 때 비로소 성장한다는 사실을 기억해야 한다. 오늘 당장 시작해야 어제보다 성숙하고 진보하는 결과를 얻을 수 있다. 지금 당장은 자신이 없어도 시작하는 노력이 필요하다.

12) 새로운 포맷을 과감하게 시도하라

하나님이 그분의 뜻을 증거하시는 방법은 아주 다양하다. 가장 직접적으로는 선지자를 통해 말씀하시고 때로는 꿈으로, 때로는 자연 현상으로 말씀하셨다. 발람 선지자에게는 나귀를 통해서 강력하게 말씀하시기도 했다. 메타버스 교회학교에서는 전통적으로 메시지를 전하는 방법보다는, 다양한 패턴으로 메시지를 전하는 것이 더욱 효과적이다. 온라인으로 코스타 집회를 할 때 많은 학생의 관심을 사로잡은 것이 요리 설교였다. 먹방 프로그램과 요리 프로그램이 인기를 끌고 있는 상황에서, 요리를 활용한 메시지 전달은 정말 기발한 아이디어였다. 마치 요리 프로그램에서 레시피를 소개하듯이 된장찌개, 파스타, 부대찌개 같은 요리들을 직접 시연했다. 김범석 목사는 요리 과정을 설명하면서 성경을 접목해 메시지를 풀어냈다.

이러한 과정에서 중요한 것은 디테일이다. 요리사 복장을 갖추고 실제 요리를 하는 과정이 자연스럽게 진행되자 때 학생들의 관심도가 높아졌다. 단지 흉내 내기에 급급하면 효과는 떨어진다. 김범석 목사는 손수 식당을 운영한 경험을 살려 자연스럽게 요리하면서 메시지를 전해 큰 반향

을 일으켰다. 음식을 모두 만든 후에 스태프들이 방역 기준을 준수하면서 시식을 하는 시간은 모든 코스탄들에게 환호성을 자아내게 했다.

"All Things New" 집회를 기획하면서, 학생들에게 다양한 그리스도인의 삶을 보여 주고 싶었다. 탁월하게 성공한 신앙 선배들의 모습도 필요하지만, 청년이 살아가는 실제 모습이 더욱 효과적일 것 같았다. 그러한 조건에 적합한 강사를 찾다가, 부산에서 카페를 운영하는 이종한 대표에게 강의를 의뢰했다. 강의를 부탁하면서 커피에 대한 상식을 강의하고 그 속에 복음의 의미를 담아 전해 달라고 요청했다. 그리고 젊은 그리스도인에게 사업의 의미는 무엇인지 알려 달라고 요청했다.

본인은 이런 강의를 해 본 적이 없지만, 후배들에게 도움을 준다면 기꺼이 섬기겠다고 승낙했다. 전체 강의를 설계하고 준비하는 과정에서 커피에 대해 말로 하기보다는 직접 시범을 보이는 것이 효과적이겠다 싶었다. 게다가 커피를 직접 내려서 스태프들이 시음하면 다이내믹한 화면도 연출할 수 있을 것 같았다.

여러 번의 준비를 거치고 실제로 진행하자 학생들은 폭발적으로 반응했다. 막연히 커피에 대한 호기심이 있던 청소년들에게 커피에 대한 지식이 복음과 연결되자 은혜가 더 커졌다. 커피를 직접 제조하고 시음하는 장면에서 강사는 시음하는 스태프가 춤으로 커피의 맛을 표현할 것을 요구했다. 그 제안에 스태프들이 즉석에서 춤을 추면서 분위기가 고조되었다.

메타버스 교회학교에서는 각기 다양한 포맷을 시도할 수 있다. 서울한성교회에서 봄 수련회 활동 시간에 '카트라이더 대회'를 진행했다. 축구 경기나 슈팅 게임은 남학생들에게 유리하기 때문에 남녀 공통으로 비슷하게 할 수 있는 카트라이더 경주를 진행했다. 중계방송은 게임을 잘 아는 목사가 맡았는데, 아나운서와 해설의 호흡이 완벽해서 보는 재미가 쏠쏠했다. 교역자와 학생들은 완전히 다른 공간에 있지만, 온라인 게임을 통해 같은 시간에 같은 프로그램에 참여하면서 공동체성을 아주 강력하게 체험하게 되었다.

메타버스 교회학교에서는 다양한 시도를 해야 한다. 불건전하거나 사행성을 조장하거나 폭력적인 것을 제외한 새로운 포맷을 시도하면 의외의 효과를 거두게 된다. 화려한 연예인들이나 영향력이 큰 사람들의 콘

텐츠가 인기를 주도하지만, 일상의 소소한 이야기도 사람들에게 큰 울림을 안겨다 준다. "가장 개인적인 것이 가장 창의적인 것이다"라는 한 영화감독의 말처럼, 각자의 진솔한 삶이 도리어 깊은 공감과 감동을 주는 추세가 이어지고 있기 때문이다.

이전에는 자기 혼자 즐기던 취미 활동이나 개인적인 취향이 이제는 하나의 장르가 되는 시대다. '먹방'을 하거나 바닷가에서 낚시를 하는 것도 하나의 콘텐츠로 각광받는다. 이러한 시대적 추세를 무분별하게 모방하는 것이 아니라, 메타버스 교회학교에서는 자기의 삶을 오픈하고, 이를 복음과 연결해야 한다. 예수님은 신학적 거대 담론을 사소한 일상에 연결해 말씀하셨다. 이러한 말씀이 백성의 마음을 움직이며 깊은 변화를 일으켰다.

현실과 분리된 고차원적 세계를 다루는 신앙 교육이 아니라 일상을 소재로 한 신앙 교육이 더 효과적으로 복음을 전하는 도구가 될 수 있음을 기억해야 한다.

13) 계속하라(그릿)

코로나19가 시작되고 경제가 위축되면서 직장인과 소상공인의 삶이

팍팍해졌다. 그러면서 사람들이 자주 하는 말은 "나도 유튜버나 한번 해볼까?"였다. 유튜버는 초기 창업 자본이 많이 들지 않고 구독자만 확보되면 돈을 벌 수 있다는 생각에, 실제로 유튜버에 도전한 사람이 많다. 하지만 생각과 현실에는 엄청난 차이가 존재한다. 유튜버 활동을 본격적으로 하려면 기본적인 경비가 들어간다. 촬영을 위한 카메라와 편집을 위한 기계들이 필요하기 때문이다. 다른 사업에 비하면 비교적 적은 자본이 소요되기에 사람들은 고가의 장비를 구입해서 콘텐츠를 만들기 시작했다. 여러 매체에 등장하는 유튜버들이 많은 구독자 수를 확보하는 것을 보면서, 자기도 곧 그렇게 되리라고 기대했다.

하지만 5분 분량의 콘텐츠를 제작하는 데에는 5분만 걸리는 것이 아니다. 콘텐츠를 하나 제작하려면, 콘티를 다듬어 준비하고, 촬영하고, 편집하는 데 많은 시간이 소요된다. 남들과 다른 콘텐츠를 만들려면 스트레스가 이만저만이 아니다. 그러한 고된 과정을 거쳐 업로드한 콘텐츠가 자기의 기대처럼 호응을 받는 것 또한 쉽지 않다. 자기 나름대로 야심작이라고 생각하던 콘텐츠가 관심을 받지 못하면 깊은 자괴감에 빠지게 된다.

유튜버가 인정받기 위해서는 지속해서 콘텐츠를 올리는 것이 중요하다. 하지만 반응이 미미한 상황에서 다른 콘텐츠를 연속으로 제작하는 것은 쉽지 않다. 그로 인해 콘텐츠를 지속해서 올리지 못하면 인맥을 총동원해 확보한 기존의 구독자도 빠져나간다. 결국 고가에 구입한 장비가 제 기능을 할 기회가 사라지면서, 중고 거래 사이트에 헐값으로 팔려나가게 된다.

메타버스 교회교육 프로그램을 준비하고 진행하면서 학생들의 반응이 없으면, 큰 상실감을 느끼게 된다. "악플보다 무서운 게 무플"이라는 말처럼 특별한 반응이 없으면 콘텐츠를 만드는 사람이 지치게 된다. 학생들의 응원이 있으면, 콘텐츠를 제작하는 어려움을 견딜 수 있다. 하지만 긍정적인 반응이 없으면, 그 작업을 계속할 동력을 잃어버리게 된다. 이러한 상황에서 필요한 것이 지속력인데, 이를 '그릿'이라고 한다.

심리학자 앤절라 더크워스는 10년의 연구 끝에 재능과 상관없이 성공하는 비밀은 그릿(GRIT)에 있음을 발견했다. '그릿'이란 투지, 끈기, 불굴의 의지를 아우르는 개념이다.[41]

성경에서도 주의 일을 하면서 만나는 상실감 앞에 멈추지 말라고 권면한다.

"우리가 선을 행하되 낙심하지 말지니 포기하지 아니하면 때가 이르매 거두리라"(갈 6:9).

메타버스 교회교육을 시작하면서 처음부터 완벽한 콘텐츠를 제작하기는 어렵다. 수많은 시행착오를 겪으면서 콘텐츠를 만드는 노하우가 조금씩 쌓이게 된다. 고된 숙련의 기간을 인내하면서 지나가야 한다. 때로는 성취감이 없어도 이 일을 계속하는 것은, 우리가 박수와 환호를 받거나 이익을 얻기 위함이 아니라, 학생들이 하나님의 말씀과 만나도록 하는 것이 목표이기 때문이다. 또 기억해야 할 사실은, 학생들이 반응을 하지 않는다고 전혀 무익한 것이 아니라는 사실이다.

메타버스 교회교육의 프로그램으로 첫 여름 수련회를 마치고 난 후에 학생들의 반응이 너무 의례적이어서 실망했다. 정말 온 힘을 다해 수고했는데 보람이 없다고 느껴졌다. 그런데 시간이 지나면서 아주 놀라운 사실을 알게 되었다. 행복나눔교회 중고등부 이성수 목사도 2020년 여름 수련회를 마치고 처음에는 실망감을 감출 수 없었다고 한다. 하지만 반전이 있었다.

8월 12일 밤 9시 반에 시작한 2020 중고등부 All-Line 수련회! "마음을 JB 하라"는 주제로 막을 연 첫날, 박요한 목사님의 토크 콘서트와 조민철 목사님의 코로나19 시대의 시간 관리 강의, 정도환 목사님의 레크리에이션을 온라인으로 진행했다. 줌으로 출석한 아이들은 얼굴을 가리기 바빴다. 이튿날 저녁 같은 시간대에 제주경 목사님의 찬양 인도와 담임 목사님의 말씀과 기도, 정 목사님의 레크리에이션이 진행되었고, 첫 온라인 수련회는 그렇게 끝났다. 둘째 날 반응도 첫날과 다를 것이 없었다.

온라인으로 진행되는 첫 수련회였기에 예전과 같은 감격스런 반응을 기대하지는 않았지만 그래도 명색이 수련회였기에 어느 정도는 학생들이 반응할 줄 알았다. 수련회를 마치고 접수한 후기는 여느 때와 마찬가지로 그저 그런 투의 '좋았어요'가 전부였다. 하지만 맥 빠지게 돌아오는 상투적인 표현은 보람을 주지 못했다. 다른 학생들도 진부한 답변으로 일관해 자괴감이 들 정도였다. 학생들이 이런 반응을 보이는 것은 왜일까?

준비가 부족해서 그럴까? 기도가 부족했을까? 아이들의 기대치에 못 미쳐서일까? 아이들이 원하는 것과 교회가 준비한 것의 접점이 없어서일까? 온갖 고민을 하고 한숨을 쉬며 기도를 할 수밖에 없었다.

그런데 온라인 수련회가 끝나고 생존 확인(?)을 위해 묵상지를 들고 아이들과 만났을 때, 예상하지 못한 일을 만났다. 아이들이 나를 맞이하는 태도가 수련회 이전과 달라져 있었다.

"이번 수련회 어땠니?" 하며 조심스럽게 묻는 나에게 아이들은 하나같이 들뜬 목소리로 답했다. "이번 수련회 찐 좋았어요."

그렇다. 학생들이 현장에서 특별한 반응을 보이지 않더라도 결코 실망하거나 낙심해서는 안 된다. 아무리 좋아도 제대로 표현을 못 하는 경우가 있기 때문이다. 또한 우리는 단지 우리에게 부여된 사명을 기쁘게 감당하는 청지기임을 기억해야 한다. 이러한 사역에 부름을 받고 섬길 수 있다는 사실에 충분히 감사해야 한다.

"이와 같이 너희도 명령 받은 것을 다 행한 후에 이르기를 우리는 무익한 종이라 우리가 하여야 할 일을 한 것뿐이라 할지니라"(눅 17:10).

우리는 심고 물을 줄 뿐이지만 자라게 하시는 분은 하나님이심을 기억해야 한다.

"그런즉 심는 이나 물 주는 이는 아무 것도 아니로되 오직 자라게 하시는 이는 하나님뿐이니라"(고전 3:7).

5. 시선을 확보하라

14) 복장에 콘셉트를 부여하라

청소년 집회를 할 때는 가급적 청소년들의 시선을 사로잡을 의상을 준비한다. "어벤져스" 영화가 한창 인기를 구가할 때는 어벤져스에 등장하는 히어로 복장을 하고 강단에 선다.

청소년들이 즐기는 문화의 복장을 한 설교자는 그들에게 친근감을 느끼게 하고, 그들의 시선을 사로잡는 기회를 얻을 수 있다. 물론 너무 현란하거나 자극적인 복장은 가급적 자체 심의를 하고 충분히 고려한 상황에서 의상을 결정한다.

때로는 설교에서 강조하고 싶은 내용의 문구를 적은 복장을 구매해서 입고 설교한다. 미리 준비한 PPT 슬라이드에 그 주제를 보여 주면서 이

야기를 풀어나간다. 하나님 앞에 사로잡힌 사람의 강함을 이야기할 때는
이에 어울리는 의상을 준비했다. 후드티에 원더우먼이 무릎을 꿇고 있는
이미지 아래 이러한 문구가 쓰여 있다.

"She who kneels before God can stand before anyone."

(하나님 앞에 무릎을 꿇는 여자는 누구 앞에도 설 수 있다.)

같은 내용으로 슈퍼맨 버전의 티셔츠도 있는데, 이 문구의 임팩트가
강해서 미국으로 직접 주문했다. 이 옷을 입고 나가니 아이들이 "우와~"
하고 환호를 지른다. "이 옷은 오늘의 설교를 위해 미쿡에서 구입했어요"
하고 말하면 학생들이 환호성을 울린다. 이 구절이 등장하는 구문에서는
간단하게 영어 문법 풀이를 한다. 그러면 학생들은 더욱 환호하면서 집
중하고, 메시지의 영향력은 오래 유지된다.

때로는 집회의 설교 주제를 담은 티셔츠를 입고, 그 장면을 화면에 비
추도록 요청한다. "영화에서 위기에 처한 순간, 슈퍼맨이 나타나서 우리
를 구해 준다. 슈퍼맨이 상의를 탈의해 슈퍼맨의 상징인 S자가 드러나면

사람들은 모두 안심한다. 힘든 역경의 시간에 자신이 하나님의 사람임을 기억하고 "No Fear!"(두려워하지 말라)라고 선포하면서, 집업 점퍼의 지퍼를 내리면 그 안에 입고 있던 티셔츠의 "No Fear" 문구가 나타난다. 아이들은 이러한 퍼포먼스에 강력하게 반응한다.

이렇게 청소년 설교는 때로 광대와도 같아야 한다. 청중에게 인상적인 메시지를 전할 수 있다면 무엇이든 한다는 각오가 필요하다. 가끔 그런 의문이 들기도 한다. '내가 너무 오버하는 것은 아닐까? 단지 복음만을 선포하는 것이 합당한 것이 아닐까?' 그럴 때마다 에스겔의 '행위 설교'를 생각한다. 에스겔은 하나님의 명령으로 왼쪽으로 390일, 오른쪽으로 40일을 누워 이스라엘과 유다의 범죄를 행동으로 보여 준다. 에스겔은 머리와 수염을 스스로 밀어 버린다. 머리와 수염이 깎이는 것은 이스라엘 사회에서 수치스러운 일인데, 범죄한 예루살렘이 당할 수치를 그가 대신 보여 주는 것이다. 그는 그중 몇 터럭을 옷 속에 취했다가 그중 일부를 불에 넣는다. 예루살렘의 멸망 중 일부는 피할 수 있지만, 그들도 완전한 보호를 받지 못하고 심판을 겪을 것을 보여 주는 것이다.

메타버스 교회학교 사역에서는 소품 하나를 준비하더라도 충분한 의미를 부여하고 준비해야 한다. 뛰어난 영화나 드라마는 작은 소품까지도 이야기의 흐름에서 중요한 역할로 활용한다. 출연하는 배우들조차 완전히 이해하지 못했다는 영화 "인셉션"(미국, 2010)의 주인공을 맡은 레오

나르도 디카프리오도 이 영화의 스토리를 처음에는 제대로 이해하지 못했다고 한다. 디카프리오가 영화를 촬영하는 중에 현실과 꿈을 구분하기 어렵다고 말하자, 놀란 감독이 아주 선명한 해답을 주었다. "당신이 반지를 끼고 연기하는 부분은 꿈이며, 반지를 끼지 않는 장면은 현실이다."

이는 주인공의 작은 팽이가 꿈과 현실을 구분하는 것으로 알고 있는 주인공과 관객들에게 신선한 반전을 안겨 주었다.

"어벤져스: 엔드게임"에서 닥터 스트레인지는 자기의 능력을 펼칠 때 손가락을 미세하게 떨면서 연기한다. 그에게 교통사고 후유증이 여전히 남아 있다는 설정에 충실하기 위해서라고 하는데, 그렇게 작은 디테일까지도 신경 쓰는 장인 정신에 감탄하게 된다. 이러한 디테일이 모여서 많은 이가 공감하는 영화가 탄생한다. 한 편의 영화와 드라마도 이처럼 세심하게 준비하는데, 영혼을 섬기는 설교와 강의는 더욱 치밀하게 준비해야 하지 않겠는가.

16세기 종교개혁을 이끌던 독일의 마르틴 루터와 스위스의 장 칼뱅은 지향점은 같았지만 강조점은 조금 달랐다. 루터는 그리스도인의 삶과 세상의 영역을 구분했다. 하지만 칼뱅은 교회와 세상을 구분하지 않고 세상의 영역에서도 복음의 원리가 통치해야 한다고 가르쳤다.

메타버스 교회교육에서는 학생들이 살아가는 삶의 다양한 요소를 충분히 이해하고, 철저히 그들의 눈높이에서 진행해야 한다.

15) 기선을 제압하라(도입 3분 안에 장악하라)

영화 "테넷"(미국, 2020)의 도입부에는 우크라이나 오페라 극장의 테러 사건이 배치되어 있다. 영화가 시작되자마자 펼쳐지는 엄청난 오프닝은 관객들을 순식간에 영화 속으로 빨려들게 한다. 영화 "007 시리즈"는 영화 초반부에 엄청난 투자를 했다. 눈을 뗄 수 없는 긴박한 장면을 연출하고 강력한 액션을 펼치면서, 단숨에 관객을 사로잡는다. 영화 "매트릭스"(미국, 1999)의 오프닝은 인상적인 장면으로 손꼽힌다. 이 영화를 위해 책정된 예산을 감독은 영화 시작 후 첫 5분에 모두 쏟아 부었다. 이 영상을 본 영화사 관계자들은 추후에 막대한 예산을 승인했고, 이는 엄청난 흥행으로 이어졌다.

이는 '블링크의 법칙'을 적용한 구체적인 사례다. 말콤 글래드웰이 주장한 이론인 블링크의 법칙은 "2초 안에 일어나는 순간적 판단력이 대부분 의사를 결정한다"고 한다. 사람들의 의사 결정은 대부분 직관으로 이루어진다. 설교와 강의에서는 도입부가 정말 중요하다. 많은 설교자가 설교를 모두 준비하고 난 후에 서론을 잡는다. 설교를 모두 작성하고, 그 설교를 가장 잘 표현하도록 서론을 준비하는 것이 효율적이다.

다윗의 죄악을 말씀으로 징계하는 나단은 처음부터 핵심 메시지를 말하지 않았다. 나단은 아주 흥미로운 이야기를 시작했다. 부자와 가난한 이가 기르는 양에 관한 이야기를 할 때, 다윗은 그 이야기에 몰입했다. 이야기를 마친 후에 나단이 다윗을 책망하자, 다윗은 철저히 회개한다.

청소년을 대상으로 사역하는 곽상학 목사는 "청신호"라는 유튜브 채널을 통해 아주 인상적인 메시지를 전한다. 곽상학 목사는 메시지를 설명하기 위해 다양한 방법으로 도입을 전개한다. 때로는 야구복을 입고, 때로는 수로보니게 여인의 복장을 하고 사람들의 시선을 사로잡는다. 그러한 노력 덕분에 청소년들은 설교자가 전하는 메시지에 집중하게 된다.

[청신호] Ep.16 그네에서 듣고 시소에서 보다
조회수 39회 · 6일 전

[청신호] Ep.15 베이브 루스는 베들레헴 롯을 알까?
조회수 32회 · 1주 전

[청신호] Ep.14 거꾸로 강을 거슬러 오르는 저 힘찬 연어들...
조회수 47회 · 1주 전

[청신호] Ep.13 개는 훌륭하다
조회수 62회 · 2주 전

    메타버스 교회학교의 여러 프로그램을 위한 효과적인 도입 부분을 준비하는 기술은 하루이틀에 완성되지 않는다. 수많은 시행착오를 통해 조금씩 다듬어진다. 지속적인 연습과 훈련이 더해질 때 효과적인 도입 부분을 사용할 수 있게 된다.

16) 눈을 맞추라(시선이 끊기면 안 된다)

    강의에서 아이 콘택트는 정말 중요한 요소다. 강사와 청중이 서로 눈을 마주칠 때 효과적인 강의가 이루어진다. 강사가 원고만 보면서 강의하면, 효과적인 전달이 어렵다. 온라인으로만 예배와 모임을 열면서 가장 힘들었던 것은 청중과 호흡할 수 없다는 것이었다. 청중을 직접 볼 수 없어서 설교와 강의가 어떻게 전달되고 있는지 제대로 알지 못하는 것은 큰 난제였다.

    지난겨울, 광주의 한 교회에서 온라인 수련회를 섬겼다. 중고등부를 대상으로 하는 수련회였는데, 집회 시작이 다 되도록 학생들은 보이지 않았다. 교회당에는 찬양 팀과 방송 팀만 있을 뿐이었다. 찬양 팀의 찬양이 끝났다. 설교하러 강단에 올라갔는데 카메라만이 나를 쳐다보고 있었다. 학생들은 각 가정에서 모니터를 통해 이 집회에 참여하고 있었다.

    그 상황에서 이전에 교목으로 성경 수업과 채플을 할 때가 생각났다.

교목 1년 차에는 채플과 성경 수업 시간에 열정적으로 참가하는 학생들에게 시선이 향했다. 2년차부터 채플이나 수업 시간에 거부 반응을 보이는 아이들에게 시선이 향했다. 모든 학생이 수업에 집중할 방법을 찾던 중에 학사 편입을 하면서 수강했던 '교육 공학' 공부가 수업에 흥미가 없는 학생들이 수업에 관심을 기울이고 집중할 방안을 찾는 데 큰 도움이 되었다.

코로나19 상황에 따라 학생 수의 20, 30%가 현장 예배에 출석할 수 있게 되면서, 전면 집회 금지와는 달리 다소나마 숨통이 트였다. 학생들이 순번제로 교회를 와야 했지만, 성큼 자라 버린 학생들을 만나는 것은 엄청난 기쁨이었다. 하지만 이러한 상황에서 정상적인 교회교육은 또 한 번의 고비를 만나게 된다. 현장 예배와 온라인 예배 중 어디에 초점을 맞출 것인가 하는 문제다. 설교자와 진행자는 현장에 나온 학생들에게 시선이 집중될 가능성이 크다. 현장의 학생들이 반응하면, 그 반응에 집중하게 된다. 하지만 온라인의 회중은 현장에 있는 학생들의 반응을 알 수 없다. 설교자와 진행자들이 현장의 반응과 소리에 계속해서 집중한다면, 온라인의 회중은 소외감을 느낀다.

한편, 온라인에 접속한 사람들에게만 관심을 주고, 그들의 댓글에만 관심을 기울이면, 현장의 학생들 역시 소외감을 갖게 된다. 자신들은 직접 현장을 찾아왔는데 온라인의 학생들에게만 집중한다면 현장에 와야 할 이유를 잃어버리게 된다.

신학교에서 설교학을 배울 때는 시선 집중에 대해서 이렇게 배웠다. "설교자는 항상 청중과 시선을 마주쳐야 한다. 특정 방향이 아닌, 전 방향으로 골고루 시선을 주어야 한다." 설교할 때 설교자는 시선을 모든 청중에게 보내야 한다. 예배당의 성도도 설교자와 진행자의 시선 안에 있어야 한다. 이를 위해서는 시간과 시선 처리의 분량을 균등하게 배분해야 한다.

이는 메타버스 교회교육을 진행하는 이들에게도 마찬가지다. 그 어떤 교육 콘텐츠를 진행하더라도 시선과 시선이 마주치는 아이 콘택트를 유념해야 한다. 특히 현장과 온라인으로 이원화된 경우에는 시선과 관심이 골고루 분산되도록 조정해야 한다.

17) 시각 자료를 충분히 확보하라

사람들은 이야기에 반응을 보인다. 예수님도 수많은 비유를 들어 하나님의 진리를 쉽게 설명하셨다. 주변에서 흔히 볼 수 있고 경험할 수 있는 이야기를 활용해서 천국의 비밀을 들려주셨다. 이로 인해 예수님의 설교를 듣는 청중은 서기관들과 교회 지도자들이 전하는 메시지와는 비교가 안 되는 생생한 말씀에 뜨겁게 반응했다.

> "이는 그 가르치시는 것이 권위 있는 자와 같고 그들의 서기관들과 같지 아니함일러라"(마 7:29).
> "다윗이 그리스도를 주라 하였은즉 어찌 그의 자손이 되겠느냐 하시니 많은 사람들이 즐겁게 듣더라"(막 12:37).

메타버스 교회학교에서 설교와 강의를 준비할 때는 청중이 쉽게 이해할 예화를 준비해야 한다. 또한 좋은 예화를 준비했으면 제대로 전달하는 것이 중요하다. 아무리 내용이 훌륭해도 제대로 전달하지 않으면, 효과는 줄어든다. 예화를 효과적으로 전달하려면, 그림으로 만드는 것이 좋다.

아래 그림은 내가 교목 시절에 얻은 것이다. 고2 남학생이 만화를 틈틈이 그리는 것을 보았는데, 그 재능을 기부해 달라고 요청해서 제작했다. 물론 그 학생에게는 매점 상품권으로 충분히 보상을 했다. 그 학생에게 예화를 알려 주고 구도에 대해 논의한 다음, 그 후의 과정은 일임했다. 일주일 만에 그 학생이 가져온 그림은 누가 보아도 아마추어가 그린 것으로 보였다. 하지만 그런 풋풋함이 스토리의 감격을 더해 주었다. 이 그림은 좋은 친구이신 예수님이 자기의 피를 다 주셔서 우리를 구원해 주신 은혜를 설명하는 데, 15년이 지난 지금도 아주 요긴하게 잘 사용하고 있다.

교회 내에서나 주변에 그림에 재능을 가진 사람에게 부탁하는 것은 여러 효과를 얻을 수 있다. 그림 그리는 재능으로 교회교육에 일조할 수 있고, 자기의 그림을 통해서 학생들이 은혜를 받는 과정을 지켜보면, 그 또한 하나님 앞에 감사할 일이 되기 때문이다. 아울러 학생들이 즐겨보는 웹툰에서도 설교와 강의 주제를 찾을 수 있다.

학생들이 즐겨 보는 웹툰이 설교와 강의 시간에 등장하면, 학생들은 설교와 강의에 더욱 집중하게 된다. 메타버스 교회학교에서 온라인으로 메시지를 전할 때는 아무래도 소통의 어려움을 겪을 수밖에 없기에, 이러한 시도를 지속해야 한다.

6. 균형을 잡아라

18) '구름'을 잡아야 한다(구조+흐름)

교목 시절, 성경 수업을 준비할 때는 먼저 수업을 설계했다. 수업 시간에 가르칠 핵심 메시지를 선정하고 이를 어떤 방식으로 풀어갈 것인가를 계획한다. 이 주제를 가장 잘 표현할 예화를 찾고 수업 방식을 조율한다. 각 꼭지별 소요 시간까지 계산해서 철저히 준비해야 한다. 학생들이 좋아할 만한 예화가 있다고 해서 무턱대고 사용하면 도리어 전체 강의가 흐트러져 버린다. 수업을 철저히 설계하여 전할 메시지를 충분히 계산하고 준비해야 한다.

영화감독은 영화를 찍을 때 철저한 설계와 계획 속에서 한 컷씩 찍어 영화를 완성해 간다. '봉테일'로 알려진 봉준호 감독은 그 별명에 걸맞게 영화 촬영 중 모든 준비를 철저히 하는 것으로 유명하다. 자신이 전할 주제를 선정하고, 이를 잘 표현할 수 있는 이야기들을 모으고, 대본을 작성한다. 대본을 완성하면 이를 영상으로 표현할 수 있도록 스토리보드를 그린다. 스토리보드는 만화처럼 카메라의 구도와 배우들의 동선을 시각적으로 이해할 수 있게 만화 형식으로 구성한다. 이렇게 하면 감독이 구상하고 있는 장면들을 배우들과 모든 스태프에게 보여 주어, 모두가 영화의 흐름을 이해한 상태에서 작업할 수 있다.

설교자의 메시지는 설교자의 머릿속에 있다. 그 메시지가 학생들에게 잘 전달되려면 설교자가 먼저 설교를 설계해야 한다. 이번 설교에서 무엇을 가장 강조해야 할 것인가, 이번 설교를 통해 학생들과 성도들의 어떤 부분이 어떻게 달라져야 할 것인가, 이를 위해서는 청중의 지적, 영적, 정서적 감수성을 어떻게 터치하며 진행할 것인가를 심사숙고해야 한다.

강의를 하는 사람은 '지식의 저주' 안에 갇혀 버릴 수 있다. 자신이 오랜 시간 연구해 깨달은 내용을 청중도 당연히 알고 있으리라 착각하는 것이다. 아인슈타인은 "당신이 알고 있는 것을 할머니에게 설명해서 이해시킬 수 없다면 그것은 진정으로 아는 게 아니다"라고 말했다.[42]

그러므로 강사나 설교자들은 학생과 청중이 차근차근 주제에 대해 공감하면서 주제를 이해하도록 진행해야 한다. 강사가 말하고 싶은 에피소드를 증거 구절(prooftext) 삼아 성경 말씀을 전하는 것은 굉장히 위험하다. 설교를 완벽히 설계하고 열심히 준비해도 미처 준비하지 못한 부분에서 애드리브로 흘러갈 수 있다. 그 결과, 처음에 말하고자 하는 내용과 거리가 멀어질 수 있다. 물론 그러한 메시지를 통해 하나님이 역사하시는 경우를 배제할 수는 없다. 하지만 설교를 준비하고 실제 설교할 때도 설교의 구조와 흐름을 이해하고 진행해야 한다.

나는 설교를 준비할 때 항상 설교의 흐름을 위한 마인드맵을 먼저 작성한다. 그리고 거기에 근거해 원고를 작성하고, 그 작성된 원고를 뒷받침할 시각 자료를 준비한다. 이것이 전체적으로 균형 잡힌 설교를 진행하는 데 큰 도움을 준다.

19) 전체 주제에 맞는 아이스 브레이킹을 하라

의정부의 청소년 사역 단체 '십대지기'에서 준비한 집회에 설교하러 가서 아주 놀라운 통찰력을 얻었다. 의정부 십대지기를 섬기는 강학성 목사가 오프닝 프로그램으로 틀린 그림 찾기를 했다. 영화 포스터를 활용하는 것이다. 줌의 채팅창을 이용해 학생들의 답변을 유도했는데, 참여한 학생들이 열정적으로 참여했다. 또 드라마 장면에서 옥의 티 찾기 게임을 진행했다. 온라인으로 진행되지만 현장에 있는 것보다 뜨거운 열정이 가득했다. 프로그램을 운행하는 스태프들과의 완벽한 호흡으로 매끄럽게 진행되었다. 강학성 목사는 이 프로그램을 마치면서 또 하나의 질문을 던졌다. "우리가 함께 게임을 한 포스터들의 공통점은 무엇일까요?" 이 프로그램은 단지 학생들의 관심을 끌기 위한 것이 아니라, 주제를 전하기 위한 도입부였다. 이런저런 답변이 쏟아지다가 정답이 나왔다. "시간." 그 주제어가 나오자 강 목사는 기쁘게 칭찬하면서 프로그램을 이어 간다. "그렇습니다. 시간입니다. 오늘의 설교 주제는 '시간'입니다. 시간은 영원하지 않습니다. 그러므로 우리는 세월을 아껴야 합니다."

단지 흥미만 유도하는 행위를 요즈음 세대는 "어그로를 끈다"라고 표

현한다. 사람들의 관심을 끌기 위해 미끼 상품을 거는 것과 유사하다. 설
교에는 낭비해도 좋을 시간이 결코 없다. 설교를 준비하는 사람은 시간
운영을 철저히 계산하고 운영해야 한다. 설교 도입을 위한 아이스 브레
이킹을 선정할 때도 단지 흥미 위주의 게임이 아니라, 전체 주제와 연결
되는 프로그램을 선정해야 한다. 학생들을 한껏 고양시키는 프로그램으
로 분위기가 후끈 달아오른 후, 이와 관련 없는 메시지를 전하면 분위기
는 어색해지고, 효과는 줄어든다. 설교자와 강사의 목표는 학생들과 즐
거운 시간을 가지는 것이 아니다. 학생과 청중이 하나님을 더욱 알아가
게 하고, 성경의 메시지를 더욱 선명하게 알도록 하기 위함이다.

메타버스 교회학교 프로그램에서는 도입부에서 철저히 본문을 잘 드러내고, 주제를 잘 표현해야 한다. "Wag the dog"(개의 꼬리가 몸통을 흔든다)이라는 말처럼 비본질적인 요소들이 본질을 가리는 경우가 많다. 학생들의 관심을 끄는 프로그램이 핵심이 되어서는 안 된다. 전체 주제를 소개하는 기능에 충실해야 한다. 메타버스 교회학교에서는 이를 유념해 본문을 정확하게 드러내는 순서를 준비해야 한다.

20) 아름다움이 이긴다(과장된 표현을 절제하라)

하나님은 아름다우신 분이다. 자연의 아름다운 변화만 보아도 이를 만드신 하나님은 아름다우실 수밖에 없다는 확신을 갖게 된다. 그러므로 강단에서는 하나님의 아름다우심을 전해야 한다. 이를 위해서는 모든 표현이 아름다워야 한다. 메타버스 교회학교에서 여러 프로그램을 사용한다 해도, 우리의 우선순위는 십자가의 전달자로서 성경을 생생하게 전달하는 것이어야 한다. 학생들의 관심을 끌기 위한 지나친 표현으로 전체 메시지를 오염시키지 않도록 늘 주의해야 한다. 이를 위해서는 언제나 겸허한 영성이 절대적으로 필요하다.

한 인터넷 동영상이 성경 이야기를 아주 재미있게 표현했다는 소셜 미디어 이웃의 이야기를 듣고 해당 영상을 찾아보았다. 성경 이야기를 실감나게 표현한 장면은 경이로움, 그 자체였다. 청중에게 보이고 들리는 메시지를 전해야 한다는 부담이 늘 있는 설교자이기에 많은 도전을 받았다. 어려운 성경을 딱딱하지 않게 사람들과 웃으면서 이야기하는 것에 깊이 공감했다. 그러면서도 마음 한편에는 복음이 너무 희화화되는 것은 아닌지 우려되었다.

학생들에게 설교하거나 강의할 때도 이러한 경향이 나타날 소지가 있다. 충격적이고 경악할 소재를 사용하면 학생들의 시선을 사로잡는다. 때로는 청소년들이 자주 사용하는 은어를 사용하면 아이들이 신기하게도 주목한다. 때로는 간증 시간에 메시지가 점점 드라마틱하게 바뀌고, 단어들도 좀 더 자극적으로 대체된다. 하지만 설교자와 강사들은 그런 효과 앞에서 조심해야 한다.

"모든 것이 가하나 모든 것이 유익한 것은 아니요 모든 것이 가하나 모든 것이 덕을 세우는 것은 아니니"(고전 10:23).

청소년 집회에서 설교를 마치고 강단을 내려오자, 한 목회자가 다가와서 이렇게 말했다. "오늘 설교하시면서 깨끗한 언어를 사용해 주셔서 감사합니다." 그 이야기를 듣는 순간 정신이 번쩍 들었다. 학생들의 시선을 끌고 싶다는 생각에 무리한 표현을 쓰면 안 된다는 다짐을 다시 하게 되었다.

학생 집회를 오랫동안 섬겨 오던 한 스태프의 이야기를 들었다. "청소년도 진정한 복음을 듣도록 강사님들이 신경을 좀 더 써 주셨으면 좋겠습니다. 학생들의 반응을 불러일으키는 데 치중하는 강사님을 많이 보았습니다. 당장 분위기를 잡는 자극적인 내용이 아니라, 말씀 그 자체를 전해 주셨으면 좋겠습니다." 한입으로 찬송과 저주가 나와서는 안 된다. 거룩한 것과 벨리알이 한 의자에 앉을 수는 없다.

"그리스도와 벨리알이 어찌 조화되며"(고후 6:15).

메타버스 교회학교는 지상에서 가장 아름다운 스토리인 복음을 전할 때 가장 아름다운 표현을 사용하도록 주의를 기울여야 한다. 아름다우신 하나님은 지극히 아름답게 표현되어야 하는 것이 당연하다.

21) 절제하는 '관종'이 되어라(선정적인 표현을 조심하라)

자극적인 기사에 충격적인 제목을 달아서 보도하는 뉴스가 있다. 드라마와 영화를 만들 때는 시청률과 흥행을 위해 선정적인 장면을 연출하기도 한다. 어떤 이슈를 전하기 위해서는 그로 인한 가장 극한의 상황을 알리면서 시선을 잡는다. 이것이 때로는 무리한 시도로 물의를 일으키는 경우를 낳기도 한다.

학생들의 시선을 잡아두기에 집중할수록 선을 넘어 버리는 경우도 있다. 지금까지 해 오던 것보다 더욱 '센 맛'으로 제공해야 한다는 부담감 때문이다. 방송을 제작하는 경우, 시청률에 집중하느라 선정적이고 폭력적이며 차별적인 말과 행동을 무분별하게 사용하는 경우가 있다. 특히 아주 민감한 부분을 설명할 때는 이러한 부분을 더 지나치게 강조하는 경향이 있다.

한 번은 유치부 학생들에게 온라인으로 설교하는 동영상을 보면서 가슴이 덜컥한 적이 있었다. 유치부를 담당하신 분이 보디발의 아내로 분장했는데, 도를 넘는 분장을 했다. 선정적인 리듬과 조명, 대사를 하는 목소리가 민망할 정도였다. 물론 성경 내용을 그대로 전하는 것은 중요하다. 하지만 학생들의 수용성을 고려해서 지혜롭게 연출해야 한다.

　메타버스 교회학교에서는 파워포인트를 사용하는 경우가 많은데, 자극적이고 강렬한 사진은 가급적 자제해야 한다. 십자가를 설교할 때, 선혈이 낭자한 사진은 가능하면 사용을 자제할 필요가 있다. 십자가의 혹독한 사건은 우리를 위한 하나님의 사랑을 자세히 보여 주지만, 도리어 잔혹한 이미지로만 보일 수도 있기 때문이다. 우리가 증거하는 하나님은 거룩하신 분이기에 그 하나님을 증거하는 메시지도 분명히 거룩해야 할 사명이 있다.

> "또 무엇을 하든지 말에나 일에나 다 주 예수의 이름으로 하고 그를 힘입어 하나님 아버지께 감사하라"(골 3:17).

　설교자는 성경에 등장하는 여러 사건을 골고루 전해야 할 책임이 있지만, 그것을 전달하는 과정에서는 심도 있게 자체 검열을 해야 한다. 지나친 신조어와 유행어를 사용하는 것도 전달자의 신뢰도를 하락시킬 수 있다. 설교자가 자기의 죄인 된 부분을 설명할 때 굳이 자세하게 묘사하지 않아도 된다. 예수님을 만나기 전에 얼마나 죄에 깊이 빠진 상황이었는지를 알면 은혜가 되기도 하지만, 하나님이 행하신 영광의 일들에 집중해서 선포하는 것이 더욱 유익하다. 메타버스 교회학교의 그 어떤 메시지도 전할 때는 항상 주의를 기울여야 한다.

22) '공포 소구'를 조심하라

2021년 3월 부산의 한 공사 현장에서 사고 조심을 독려하는 포스터가 물의를 일으켰다. 이 포스터에는 당신이 사고를 당해 죽으면, 당신의 부인 곁에는 다른 남자가 누워 있고, 그 사람들이 당신의 보상금을 쓰게 된다는 내용의 경고문이 적혀 있었다. 이는 공사 현장에서 사고를 당하면 당신이 가장 큰 피해를 보게 되니 조심하라는 의도일 것이다. 하지만 이 광고는 불쾌감을 조성했고 여러 논란 끝에 철폐되었다. 이러한 광고는 2016년과 2019년에도 비슷한 내용으로 게재되었다가 논란을 일으키고 사라졌음에도 계속적으로 등장하고 있다. 사람들 속에 있는 공포심을 자극해 어떤 목적을 이루려고 하는 것을 '공포 소구'라고 한다. 그러나 이러한 방식은 정말 저급하다.

이러한 방식은 주로 이단이나 급진적인 단체에서 자주 활용하는 기법이다. 세상의 종말이 임했으니 자기들에게 와야 구원을 얻게 된다는 메시지에 심신이 미약한 사람들이 몰려든다. 1992년 다미선교회가 논란을 일으킨 10.28 휴거설은 전혀 근거 없는 낭설이었지만, 많은 기독교 신자와 목회자, 교수들까지도 현혹시켰다. 음모론자들은 공포스러운 이론을 다양하게 퍼트려서 자기의 추종자들을 결집시키려고 한다. 이러한 요법은 굉장히 효과적이지만 극히 불건전한 것이다. 폭군들도 이러한 공포 소구를 활용해 자기의 권력을 강화하며 유지한다.

우리 하나님은 그러한 분이 아니라 사랑의 완성체시다. 사랑의 근원이신 하나님이 주시는 것은 사랑뿐이다.

"하나님이 우리에게 주신 것은 두려워하는 마음이 아니요 오직 능력과 사랑과 절제하는 마음이니"(딤후 1:7).

"여호와의 말씀이니라 너희를 향한 나의 생각을 내가 아나니 평안이요 재앙이 아니니라 너희에게 미래와 희망을 주는 것이니라"(렘 29:11).

메타버스 교회학교에서 설교를 준비할 때도 부정적인 부분을 주의해야 한다. 팬데믹 시대가 길어지면서 각종 음모론에 기초한 가짜 뉴스들이 범람하고 있다. 이러한 내용을 팩트 체크하지 않고 사용했다가 가짜로 판명되면, 그 다음에는 어떤 메시지를 전해도 신빙성이 떨어질 수밖에 없다. 메타버스 교회학교의 모든 메시지는 다양한 문제로 어려움을 겪는 이들에게 소망이 되어 주어야 한다. 미래가 어떻게 될지 모르는 상황에서 사람들은 심각한 불안감에 시달린다. 이러한 상황에서 역사의 주인은 하나님이시며, 하나님의 선하신 뜻대로 역사가 완성된다는 사실을 증거해야 한다. 설교자와 강사들은 무조건 덕담을 하는 기복신앙으로 흐르지 않도록 조심하고 긴장해야 한다. 복음은 결국 복음으로 전해져야 한다는 것 또한 항상 기억해야 한다.

7. 재미있게 하라

23) 청중을 분석하라

올바른 교육이 이루어지기 위해서는 단순한 주장에 스토리를 입혀야 한다. 논리만으로는 부족하다. 공감이 필요하다.[43]

"라이온 킹"(미국, 1994), "인어공주"(미국, 1989), "알라딘"(미국, 1992)의 공통점은 흥행에 성공한 디즈니 애니메이션이라는 점이다. 반면 "노틀담의 곱추"(미국, 1996)는 디즈니에서 만들었지만 흥행에 참패했다. 동일한 영화사에서 만들었지만 관람 대상이 달랐기 때문이라는 분석이 있다.

흥행에 성공한 애니메이션들은 초등학교 5학년이 이해할 수 있는 수준으로 집필되었다. 흥행에 실패한 애니메이션은 중학교 1학년이 이해할 수준으로 만들어졌다고 한다. 이처럼 영화를 제작할 때도 청중을 제대로 파악하지 못하면 큰 어려움을 겪는다. 이는 설교나 강의에서도 마찬가지다.

강의와 설교에 대한 요청을 받으면 청중이 누구인지 확인한다. 그래야 그 청중의 성향과 필요에 맞는 메시지를 준비할 수 있다. 비슷한 주제라도 풀어나가는 방식과 사용할 단어, 제목은 청중에 따라 달라진다. 이는 메타버스 교회교육에서도 마찬가지다. 21세기의 한국이라는 공통점이 있지만 생활 문화권에 따라 감성과 인식이 다르다. 물론 동시대의 같은 계층은 비슷한 문제의식과 감정을 갖고 있지만, 환경에 의해 완전히 다른 점을 보이기도 한다.

한 자동차 회사의 광고에 등장한 X세대 아버지, Y세대 어머니, Z세대 딸은 같은 자동차를 타고 가지만, 좋아하는 음악은 저마다 다르다. 보편적으로 30년을 한 세대를 구분 짓는 단위로 보았지만, 최근에는 그 차이가 더욱 세분화되고 있다. 게다가 코로나19 때문에 초등학교 입학을 가정에서 온라인으로 대신한 '코로나 키즈'는 그 어떤 세대보다 확연히 다를 것이다.

다음세대 사역자는 늘 다음세대에 다가서기 위해서 현시대의 대세 문화에 많은 관심을 가져야 한다.[44]

성경은 불변의 진리인 하나님의 말씀이다. 하지만 시대와 사회는 급변하고 있다. 이러한 상황에서 다음세대의 감성과 정서, 문화에 대한 깊은 이해가 필요하다. 하나님의 말씀을 그들의 고민에 대한 해답으로 전하는 사명은 아무리 강조해도 지나치지 않다. 급속히 변모하는 세대를 제대로 이해하는 가장 좋은 방법은 그들과 많은 시간을 공유하는 것이다. 그 프로그램을 기획하고 준비해서 그들과 함께 시간을 보낼 때 그 흐름을 이해할 수 있다. 한국의 문화가 변하는 속도는 세계에서 최상위권에 있기 때문에 학생들과의 지속적인 만남은 정말 중요하다.

메타버스 교회학교를 효율적으로 운영하기 위해서는 다음세대 사역자들이 맡은 대상을 더욱 심층적이고 정확하게 파악해야 한다.

24) 재미의 본질을 이해하라

지난 2019년 겨울에 군산의 한 중등부 수련회를 이틀 동안 섬겼다. 평소에 신앙 훈련이 잘되어 있는 학생들이어서 집중도가 높은 집회였다. 둘째 날 오전에 잠깐 시간이 나서 산책을 하러 가다 만난 한 남학생이 "어?" 하고 놀라는 얼굴을 하더니, 이내 웃으며 이렇게 말했다 "어제 설교 재밌었어요." 그 말에 나는 웃으며 답해 주었다 "그렇게 말해 주니 고맙네." 그러자 그 학생이 질문했다. "그럼 오늘 저녁에도 설교 또 하세요?" 나는 고개를 끄덕이면서 말했다. "당근이지." 그러자 학생은 신난 표정으로 뛰면서 외쳤다. "오예!" 그 말에 나는 엄청난 부담감을 느꼈지만, 한편으로 많은 위로를 받았다. 청소년들이 "재미있다"라고 표현하는 것은 단지 흥미가 있다는 것을 넘어 모든 것이 만족스럽다는 것을 의미하기 때문이다.

재미라는 개념을 가장 잘 이해하려고 하는 곳은 게임 회사와 미디어를 만드는 회사다. 그들은 재미라는 콘셉트가 어떻게 변화하는지를 파악하는 데 엄청난 투자를 한다. 재미있게 여기는 요소는 시대와 상황에 따라 변천하기 때문이다. 게임 사용자가 재미를 느끼지 못하면 그 게임의 생명은 끝난다. 시청자들이 흥미를 잃어버린 콘텐츠는 수명을 상실해 버린다. 그러므로 다양한 방식을 총동원해 재미를 유발하도록 노력하고 준비해야 한다.

재미라는 부분을 체계적으로 설명한 김선진 교수의『재미의 본질』(경성대학교출판부, 2018)에서는 재미의 본질을 다음의 12가지 요소로 풀어간다.[45]

1) 자기 결정감: 스스로 판단하고 결정한다.

2) 자기 유능감: 주도적으로 기능을 수행한다.

3) 감각적 생생함: 갈수록 실사와 같아지도록 한다.

4) 고독감: 그 누구의 간섭 없이 컴퓨터와 자신만의 승부를 즐긴다.

5) 자기 표현감: 자기 안에 숨겨진 것들을 드러낸다.

6) 대인 교류감: 게임을 개인적으로 하지 않고 네트워크 안에서 타인과 한다.

7) 공감: 자신의 상황처럼 생각하고 호흡한다.

8) 신체적 역동감: 지식의 주입이 아닌 활동이다.

9) 모험감: 조금 버거워 보이는 일을 시도한다.

10) 일탈감: 평소에는 해 볼 수 없는 스릴이 넘치는 활동을 한다.

11) 대자연감: 실내 교육이 아닌 자연에서의 프로그램도 필요하다.

12) 새로운 경험: 지금까지 경험하지 못했던 새로운 상황들을 경험한다.

메타버스 교회교육 프로그램에 이러한 요소가 잘 스며들어 가도록 준비하면, 학생들이 몰입할 수 있는 콘텐츠를 만들 수 있다. 항상 해 오던 방식을 단지 온라인으로 중계하는 것이 아니라 '재미'라는 콘셉트를 담은 교육 콘텐츠를 준비해야 한다. 인간이 창의력을 발휘하는 가장 좋은

환경은 집중해서 일할 때가 아니라 재미있게 놀 때다.[46]

25) 망가져야 한다

온라인 게임 "배틀 그라운드"의 국내 플레이어 톱티어(toptier, 게임에서 실력이 출중한 플레이어)에 70대 할아버지가 랭크되었다. 청소년 상담소장인 그가 게임을 하게 된 이유는 아이들과 소통하기 위해서였다. 아이들과 상담하는 데 좀 더 친근하게 다가가려고 아이들이 즐기는 게임을 찾아 "배틀 그라운드"를 시작했다. 도저히 적성이 안 맞는 게임이었지만, 게임을 꾸준히 하면서 톱티어에 이름을 올리자, 상담실의 '꼰대 할아버지'가 배틀 그라운드의 영웅이 되어, 학생들이 찾아오기 시작했다.[47]

메타버스 교회학교를 진행하면서 정말 중요하게 여겨야 할 일은, 기존의 방식과는 완전히 다르게 접근해야 한다는 것이다. 아날로그 시대에는 권위를 통해서 교육이 이루어졌다. 하지만 포스트모더니즘을 지나오면서 권위로 접근하는 것이 도리어 마이너스인 시대로 들어섰다. 메타버스 시대에 디지털 문화 속에서 자라난 세대는 이전과는 완전히 다르다. 정보를 만나는 방식이 다르고, 설득 포인트가 다르며, 행동의 계기도 이전과는 다르다. 특히 코로나19로 인해 온라인 원격 수업을 받고, 온라인으로 모든 활동이 가능한 시대를 정면으로 만난 지금의 메타버스 세대는 Y세대, Z세대와는 완전히 다르다.

전문가들은 이러한 시기를 살아가는 어린 세대들을 '코로나 키즈'라고 명명하며, 그들의 놀이와 활동, 생활에는 지금까지의 그 어떤 변화보다 더 큰 변화가 일어날 것이라고 예견하고 있다.[48]

『90년생이 온다』(임홍택, 웨일북, 2018)라는 책은 사회에 본격적으로 진출하기 시작한 1990년대에 태어난 이들이 이전과는 전혀 다른 가치관으로 살아간다는 것을 알렸다. 이 책은 이를 간파하지 못하고 이전의 방식으로 이들을 대하는 이들이 이른바 '꼰대' 취급을 받고, 그 세대에게 외면을 당한다고 경고했다. 『코로나 키즈가 온다』(유종민, 타래, 2020)라는 책은 코로나 세대의 특이한 생활 양식에 의해 의식이 달라진 코로나 유아를 맞이할 것인지, 아니면 그들에게 쫓겨날 것인지를 선택하라는 묵직한 질문을 던진다.

코로나 키즈로 불리는 지금의 어린 세대는 진지함보다는 즐거움으로 다가설 때 마음을 열고 서로 인격적인 관계를 맺는다. 코로나 키즈를 대상으로 하는 메타버스 교회학교는 그들의 시각에 맞춘 프로그램을 준비하고 진행해야 한다. 이러한 세대의 마음 문을 넘기 위해서 망가지는 것을 두려워해서는 안 된다. 모니터로 만나는 학생들의 마음을 사로잡으려면 그 어떤 것도 할 수 있다는 각오를 가져야 한다. 바리새인과 서기관과 사두개인은 그들끼리 화려한 자리에 모이기를 좋아했다. 그러나 만왕의 왕이신 예수님은 낮고 초라한 인간의 모습으로 성육신하셨고, 죄인들과 세리 친구들과 기꺼이 어울리셨다. 바울은 유대인들과 율법 없는 자들, 약한 자들을 얻기 위해서 그들과 같이 되었다고 고백한다(고전 9:19-23).

그러므로 메타버스 교회학교를 통해 코로나 키즈 세대를 얻으려고 기꺼이 망가짐은 '그리스도를 본받아' 살아가고 사역하는 것임을 기억해야 한다.

26) 학생들이 참여할 공간을 주라

메타버스 교회학교에서 온라인으로 진행되는 콘텐츠는 일방적인 수용이 아닌 상호 소통이 핵심이다. TV 예능 프로그램은 교회에서 제작하는 그 어떤 프로그램과도 비교할 수 없는 엄청난 수준을 자랑한다. 인기 있는 연예인들을 섭외하고, 사람들의 심리를 적절히 활용한 대본과 최첨단 촬영 기법을 동원한다. 화려한 비주얼의 자막과 효과음에 현란한 편집으로 만들어진 콘텐츠는 잠시도 눈을 떼기 힘들다. 그러나 이러한 화려한 프로그램도 결국에는 일방통행으로 진행된다. 시청자들의 소감을 홈페이지에서 받기는 하지만, 이미 제작된 콘텐츠가 일방적으로 전파를 탄다는 사실에는 변함이 없다.

"마이 리틀 텔레비전"이라는 TV 프로그램이 폭발적인 인기를 얻을 수 있었던 것은 방영 시간에 시청자들이 미리 공개된 영상의 실시간 댓글을 확인할 수 있어서였다. 프로그램을 진행하는 사람이 실시간으로 시청자 의견을 반영해 행동하는 프로그램 포맷이 큰 반향을 불러일으켰다. 메타버스 교회학교에서도 온라인으로 프로그램을 진행하면서 채팅창을 통해, 혹은 문자나 카카오톡을 통해 학생들의 의견을 실시간으로 체크하고 반응할 때 엄청난 흡입력을 발휘할 수 있다. 마치 좋아하는 방송에 투고한 사연이 채택되어 전파를 타면 그 프로그램에 집중하는 것과 같은 원리다.

디지털 세상에서의 학습자들은 듣는 것을 원하지 않고, 본인이 주도적으로 참여하기를 원한다.[49]

나는 온라인 강의나 온라인 집회에서 학생들에게 자주 질문을 던진다. 요절을 먼저 보여 주어 같이 읽게 하고, 그다음 슬라이드에는 중요 단어를 가리고 그 안에 들어갈 단어를 채팅으로 보내 달라고 한다. 실시간으로 체크하면서 참여한 학생들에게는 그 자리에서 선물을 보내 준다. 선물은 굳이 비쌀 이유가 없다. 특히 교회에 나온 지 얼마 안 되는 학생들이 일반적인 질문에 정답을 말하고 상품을 받으면, 성경 메시지에도 깊은 관심을 가지고 참여하게 된다. 청중이 쉽게 대답할 수 있는 질문을 여러 개 준비하는 것이 좋다. 즉석에서 순발력을 요구하는 질문은 안 하는 것보다는 낫지만, 위험성이 크다. 그러므로 사전에 질문할 내용을 반드시 준비해야 한다. 질문을 만들 때는 그날의 주제와 밀접한 것이어야 한다. 아무리 효과가 좋은 프로그램으로 학생들과 소통했다고 해도 주제와 연결되어 있지 않다면 시간 낭비일 뿐이다. 도리어 그 시간이 강력한 임팩트를 줄수록, 주제를 전하는 데 방해가 될 뿐이다.

프로그램 제목이나 설교 제목으로 질문하는 것은 주제를 각인시키는 데 훌륭한 방법이다. 그러므로 제목을 정할 때는 이를 활용해 청중과 소통한다는 마음으로 광고 카피를 뽑듯이 정해야 한다. 청중에게 설교 제목을 읽도록 하는 것도 도움이 된다.

청소년과 청년을 위한 설교 시간에는 참가자들이 조금만 주의를 기울이면 대답할 수 있는 질문을 주로 던지는 편이다. 세기의 사랑으로 유명한 에드워드 8세와 심프슨 부인의 사진을 보여 주며, 남자와 여자의 국적과 직업을 느낌으로 맞추어 보자고 제안한다. 그러면서 동시에 정답을 외치게 한다. 깊이 생각하지 않고 특별한 지식이 없어도 외칠 수 있는 질문은 기상천외한 답변으로 돌아온다. 물론 정답을 맞히는 이에게 약간의 상품으로 보답하면 더욱 효과적이다.

한 집회에서 다니엘이 받은 지혜의 축복에 대해 설교하면서 다니엘서

1장 17절 말씀을 인용했다 "하나님이 이 네 소년에게 학문을 주시고 모든 서적을 깨닫게 하시고 지혜를 주셨으니."

이 본문을 말하면서, "다니엘에게는 생소한 모든 학문을 하나님이 다 깨닫게 해 주셨고, 모든 이들보다 뛰어나게 하셨다"라고 풀어 설명했다. 그리고 "여러분에게 불리하고, 여러분이 힘들어하는 그 과목을 깨닫는 지혜를 주시기를 축복한다"라고 선포하면서, "여러분이 제일 힘들어하는 과목을 크게 외칩시다. 하나, 둘, 셋!" 하고 말했다.

그러자 학생들이 동시에 "수학!"이라고 외쳐서, 학생들과 참가한 부모들, 설교자가 얼마나 웃었는지 모른다. 이러한 상황은 설교자와 청중의 마음을 모두 열어 준다. 이처럼 학생들의 삶에 밀착된 내용을 다루어 그들의 마음을 풀어주는 공간을 만드는 것이 메타버스 교회교육의 중요한 요소다.

27) 실질적인 상을 받도록 하라(편의점 상품권을 준비하라)

메타버스 교회학교의 핵심은 온라인과 오프라인을 함께 운영하는 것이다. 메타버스의 문화는 실제로 가게를 방문하여 화폐를 지불하지 않아도 경제 활동이 가능하다. 온라인 쇼핑몰에서 물건을 구입하고 대금을 지불하면 주문한 제품이 가정으로 배송된다. 한 인터넷 농장 게임은 자신이 인터넷으로 관리한 야채를 가정으로 배달해 주기도 한다.

온라인에서 활동한 내용이 자신이 직접 사용할 수 있는 실물로 지급될 때, 학생들은 더욱 적극적으로 임하게 된다.

한 집회에서 강사가 학생들과 소통하면서 던진 질문에 학생들이 답을 맞히면, 본부에서 3,000원짜리 편의점 상품권을 전달했다. 답을 맞힌 보상을 실시간으로 받으면, 학생들의 참여도는 더욱 올라간다. 이렇게 메타버스 시스템을 직접 경험하는 것이다. 처음에는 최소 5,000원짜리 상품권은 해야지, 3,000원은 너무 적지 않을까 생각했다. 그런데 학생들은 3,000원으로 편의점에 가면 무엇을 살 수 있을지 직접 편의점에 가서 시장 조사를 하는 열의를 보였다. 3,000원으로 삼각김밥과 컵라면, 젤리한 봉지 정도는 살 수 있었다. 학생들은 한 끼 식사로 나쁘지 않다고 생각했다.

온라인 상품권을 주면 학생들이 그 자리에서 받을 수 있어서 메타버스 시대에 아주 적합하다. 온라인 수련회를 하면서 아주 효과적이었던 방법은 프로그램 사이에 랜덤으로 상품권을 뿌린 것이다. 처음에는 사행성을 조장하는 것은 아닐까 하는 생각도 했다. 학생들이 질문에 답을 맞히면 상품권을 주는 것이 더 공평해 보였다. 하지만 이것도 조금은 문제가 있어 보였다. 그런 식으로 하면 소통을 적극적으로 하는 학생들이나 신앙생활을 오래한 학생들이 상을 독점할 수 있기 때문이다. 교회에 나온 지 얼마 안 되었다든가, 성격이 내성적인 친구는 소통을 통해서는 상품을 받기 어렵다.

그래서 학생들이 수련회에 좀 더 흥미를 갖고 상품도 받으면 좋겠다는 생각에 랜덤 이벤트를 진행했다. 그리고 효과는 정말 놀라웠다. 평소에 얌전하고 내성적인 학생들이 이벤트에 당첨되어 정말 좋아했다. 교회를 오랫동안 다니면서 적극적인 친구들이 상 받는 것이 부러웠는데 아무것도 하지 않아도 상을 받으니 너무 행복하다고 했다. 그 말을 들은 나는 "그것이 거저 주시는 하나님의 은혜"라고 연결해 이야기해 주었다.

　온라인상에서 게임을 진행하면 실제로 활용할 수 있는 상품을 주는 것이 좋다. 이 상품을 달란트 잔치처럼 포인트 개념으로 축적했다가 학생들이 필요한 물품을 구입하게 하는 것도 좋다. 마일리지 개념이 충분히 잡혀 있는 학생들은 오히려 이런 방식을 환영한다.

28) 시대정신을 온전히 이해하라

　목소리로 소통하는 SNS인 "클럽하우스"가 2021년 초에 서비스를 시작하면서, 한국에서 엄청난 인기몰이를 했다. 한국의 설 연휴가 시작될 즈음에는 클럽하우스 서버가 다운되는 상황까지 일어났다. 많은 이가 이 상황을 연휴를 앞둔 한국인들의 폭발적인 회원 가입 때문으로 보았다. 다양한 SNS 중에서 클럽하우스가 유독 특별한 이유는, 실시간 대화형 사회 관계망 서비스, 즉 말하는 SNS라는 것이다.

　페이스북은 텍스트를 주된 기반으로 운영하며, 인스타그램은 사진과 이미지를 주된 소통의 도구로 사용한다. 이에 반해 클럽하우스는 실시간 음성으로만 소통할 수 있고, 인스타그램과 트위터를 보조로 활용한다. 클럽하우스의 급작스러운 인기 요인으로 기존의 SNS에 대한 피로감을 들기도 한다. 다른 SNS에서는 조작이 가능하다. 문서를 기반으로 하는 페이스북은 다른 사람들의 글을 마치 자기가 쓴 것처럼 올리는 경우가 있다. 인스타그램에서는 다른 이들의 사진과 이미지를 차용해서 물의를 빚기도 했다. 페이스북의 텍스트와 인스타그램의 사진 이미지에 공감하거나 호감을 느끼고 실제 만남으로 이어졌는데, 사진과 실물이 아주 달라서 실망하는 경우도 있었다. 하지만 클럽하우스에서는 실시간으로 말을 해야 하기에 자신의 수준과 정체성이 적나라하게 드러난다.

클럽하우스를 몇 번 경험하면서 '사람들은 누군가에게 말을 하고 싶었구나', '인간은 서로 만나고 소통하려는 존재였구나' 하는 것을 깨달았다. 언택트 상황에서 사람이 사람을 만나려는 갈망은 어떤 한계도 뛰어넘는 것을 발견했다. 기독교 콘텐츠를 제공하는 커뮤니티와 그리스도인 커뮤니티를 모니터링 하면서 한국 교회가 세상과 시차가 많이 난다는 생각을 했다.

콘텐츠가 빈약하다

디자인이나 예술, 사업의 영역에 있는 전문가의 이야기를 들으면 대화의 주제가 정말 풍성하다. 급변하는 시대에 발맞추어 다양한 사조들을 다각도에서 다룬다. 하지만 대다수 그리스도인의 인식은 이전과 크게 달라지지 않았으며, 콘텐츠의 내용은 여전히 빈약하다. "오죽 공부를 안 하면 어휘가, 개념이 달라지지 않는가?"라는 김태훈 칼럼니스트의 일갈이 머리에서 떠나지 않는다.

대안과 해법이 너무 편협하고 진부하다

기독교 관련 커뮤니티에서 누군가 특정 문제를 제시하면, 그에 대한 해법은 천편일률적이다. "기도를 좀 더 하셔야겠네요", "말씀을 좀 더 묵상해 보세요." 물론 우리가 만나는 모든 문제를 성경적인 기준으로 말하는 것은 당연하지만, 적용점이 너무 상투적이다. 어렵사리 고민을 털어놓았는데 정형화된 해법을 들으면, 고민을 털어놓은 사람에게는 큰 도움이 되지 않을 것이다.

우리는 세상의 실상을 전혀 모른다

각 분야 전문가들의 말을 들어보면, 분명 한국어인데 알아듣기 어려운 경우가 있다. 그 분야의 지식이 부족하기 때문이다. 그럴 때면 그 분야는 많이 변하고 달라졌는데, 나는 여전히 과거의 세상에 살고 있구나 하는 생각을 하게 된다. 이처럼 급속히 변화되는 세상에서 살아가는 성도들은 이전과는 전혀 다른 차원의 문제로 고민을 한다. 그런데 강단에서는 여전히 지난날에 유효했던 대안을 되풀이하는 것은 아닐까? "그때는 맞고, 지금은 틀리다"라는 어느 영화 제목처럼 새로운 시대에는 새로운 상황에 맞는 새로운 해법을 준비하고 제시해야 한다.

'꼰대 토크'를 하고 있다(반대 의견을 수용하지 못한다)

'꼰대'란 다양하게 풀이할 수 있지만 '자기의 견해만 진리인 줄 알고 상대방을 설득하거나 자기 생각을 강요하는 사람'으로 정의할 수 있다. 자기가 경험한 것만이 전부인 줄 알고, 그로 인해 세운 자기의 기준에 상대방을 강요하는 사람이다. 이러한 성향의 사람은 상대방의 상황이나 사정은 전혀 고려하지 않고 자기의 '뇌피셜'을 진리로 강요한다. 상대방이 요청하지 않은 답을 남발하며 마이크를 독점하고 '진행병'에서 헤어나지 못한다.

문해력과 이해력이 떨어진다

상대방의 질문을 제대로 이해하지 못하면, 답변도 설득력 있게 하지 못한다. 주로 교회 지도자들은 일방적으로 설교만 하기 때문에 그런가 하는 생각을 하기도 했다. 이러한 내용이 2020년 8월 31일자 「한국기독신문」에 보도되었다.

교회는 "예수님이 시대의 해답이고, 교회가 시대의 소망"이라고 선포한다. 그리고 그에 대한 책임이 있다. 그렇다면 교회는 이 시대가 제시하는 문제는 무엇이며, 이 시대가 고민하는 것은 무엇인지 알아야 하지 않을까?

현재 시대와 세대가 느끼는 고민과 문제에 대한 진지한 성찰 없이 "이것이 너희의 해답이다"라고 제시한다면 그것은 논리적이지도, 합당하지도 않다. 병을 고치려면 병원에 가서 병의 원인을 정확하게 진단받고, 그에 맞는 처방을 받아 치료를 해야 한다. 이러한 과정이 무시되고 병명을 모른 채, 일단 수술부터 한다면 이것은 의료사고다. 코로나19 쇼크를 통해 많은 사람이 어려움을 겪고 있다. 그 어려움의 중량은 비슷하더라도, 그 내용은 저마다 다르다.

복음은 목표 지점을 대충 예측해 화망을 형성하는 일제 사격이 아니라, 목표를 정밀하게 조준하고 사격을 가하는 조준 사격이다. 우물가의 여인에게는 생수를 매개로 구원을 이르게 하시며, 니고데모에게는 신학 토론을 통해 복음을 알도록, 예수님은 각기 다르게 사역하셨다. 메타버스 교회학교는 콘텐츠를 제작해서 정해진 시간에 일방적으로 송출하는 것이 아니다. 한 영혼 한 영혼이 가진 저마다의 문제에 복음으로 해답을 제시하고, 그로 인해 그들이 주의 백성으로 살아가도록 하는 것이다.

8. 협력하라

29) 교회 구성원과 협력하라

"한 아이가 자라기 위해서는 마을 전체가 필요하다"라는 말이 있다. 한 생명이 태어나고 건강한 사회의 일원이 되기 위해서는 많은 이의 돌봄과 칭찬, 격려가 필요하다는 뜻이다. 메타버스 교회학교가 제대로 세워지는 데에는 한 개인의 영웅적인 수고와 희생만으로는 불가능하다. 교회의 모든 구성원이 힘을 모아서, '뉴 노멀'(New-Normal) 시대에 메타버스 교회학교의 기능을 제대로 발휘하도록 온 힘을 기울여야 한다. 이러한 전교회적 관심과 협력은 교회에 새로운 부흥을 일으키는 놀라운 결실로 이어진다.

최근 뉴스에는 부정적인 소식이 가득하다. 감염의 두려움과, 일상의 제한이 길어지면서 갖게 되는 스트레스, 생계의 직접적인 압박 때문이다. 이처럼 어두운 소식이 가득한 상황에서 각 가정의 자녀들이 메타버스 교회학교를 통해 진리 안에서 성숙하는 모습을 보는 것은 부모들에게 최고의 영광이며 기쁨이 될 것이다.

"내가 내 자녀들이 진리 안에서 행한다 함을 듣는 것보다 더 기쁜 일이 없도다"(요3 1:4).

부모들이 자녀들의 영적 성숙에 자극을 받으면, 가정이 부흥한다. 이러한 가정의 변화는 교회 부흥의 역사로 이어진다. 그러므로 메타버스 교회학교를 효과적으로 운영하면 교회의 체질을 개선하고, 새로운 부흥 단계로 진입하게 되는 놀라운 기회를 잡을 수 있다.

"그 작은 자가 천 명을 이루겠고 그 약한 자가 강국을 이룰 것이라 때가 되면 나 여호와가 속히 이루리라"(사 60:22).

교회학교 학생들은 하나님이 믿음의 거목으로 키워 가실 꿈의 묘목이다. 교회학교 학생들은 투자에 비해 수익률이 좋지 않은 투자 대상이 아니다. 학생들이 교회에서 충분한 사랑을 받고 자라면, 자신이 받은 사랑 이상의 헌신을 하여 교회의 기둥이 될 것이다.

그러므로 교회학교 학생들은 그 교회의 "현존하는 미래"[50]라는 시각으로 접근해야 한다. '다음세대'라고 불리는 교회학교의 학생은 미래의 교회 구성원이 아니다. 비록 지금은 유아라 할지라도 엄연히 교회의 구성원으로 보호받고 존중되어야 할 '지금 세대'다.

묘목이 제대로 자라기 위해서는 섬세하고도 절대적인 돌봄이 필요하다. 메타버스 교회학교가 제대로 작동하려면, 몇 사람의 끝없는 희생만으로는 부족하다. 교회교육이란 교육 기관만 감당하는 국지전이 아니라, 온 교회가 모든 자원을 쏟아 부어야 하는 전면전이다. 반기독교적 사상과 세속주의 물결, 이단과 악한 영이 학생들의 영혼을 사냥하는 모든 시도에 맞서 우리 가정과 교회에 심으신 꿈의 묘목들을 지켜내야 하는, 피 흘리기까지 싸워야 하는 영적 전쟁이다.

전쟁을 승리로 이끌기 위해서는 필요한 모든 물자를 최우선적으로 공급해야 한다. 보급은 전쟁의 승패를 결정짓는 중요한 요인으로 꼽힌다. 초반에 승기를 잡고 금세라도 전쟁에 승리할 것처럼 보이지만, 보급이 해결되지 않아서 패배하는 경우도 많다. 그러므로 메타버스 교회학교의 원활한 운영을 위해 필요한 모든 것을 넉넉하게 공급해야 한다.

이러한 교회의 전방위적 지원 속에서 메타버스 교회학교가 제대로 작동해야 교회의 체질이 완전히 변하게 되며, 그 어떤 위기 상황에서도 마침내 승리를 거두게 된다. 이러한 영적 선순환이 제대로 일어나기를 간절히 기도한다.

30) 교사들과 전적으로 협력하라

교육의 3대 요소는 학생과 교사, 교과 과정이다. 이러한 요소가 준비되면, 어떤 상황에서도 교육이 이루어지게 된다. 이 요소 중 하나라도 문제가 생기면 정상적인 교육은 어려워진다. 이 중 가장 중요한 요소는, 결국 교사다. 학생들의 지적 수준이 낮고 교과 과정이 미비해도, 교사들의 뛰어난 헌신은 이 모든 것을 다 보완할 수 있다.

영화 "굿 윌 헌팅"(미국, 1997), "죽은 시인의 사회"(미국, 1989), "위험한 아이들"(미국, 1995), "홀랜드 오퍼스"(미국, 1995)에서는 좋은 교사가 얼마나 놀라운 결과를 얻을 수 있는지를 생생하게 보여 준다. 학생들이 비뚤어진 인격을 가지고 있거나 심각한 장애를 가지고 있더라도 헌신적인 교사에 의해 그 어려움을 모두 극복하게 된다. 그래서 교사 세미나에서는 "교사가 교육의 100%입니다"라고 강조하는데, 이는 결코 과장된 것이 아니다.

한국 주일학교 부흥의 중심에는 헌신적이고 열정적인 교사들이 있었다. 누구도 이 역할을 부정하거나 축소할 수 없다. 한국 주일학교가 가장 부흥한 때는 재정적인 지원이 가장 많았을 때가 아니다. 교육 시설이 완벽하고 첨단 교육 기자재가 완비되었을 때가 아니다. 교사들의 열정과 헌신이 빛을 발휘할 때, 교회의 주일학교는 가장 강력했다. 1980년대 초반 신학교 시절, 주일학교 교사들과 사역할 때는 열정이 대단했다. 매주 토요일 저녁에 교회에 모여서 기도회를 하고, 주일에 가르칠 내용의 시청각 교재를 만들었다. 매 주일 아침 8시에는 교사들이 교회에 모여서 기도회를 하고, 자기 반의 아이들을 심방하여 교회로 데려오기 위해 출발했다. 그 당시 교사들이 상대할 가장 강력한 적은 애니메이션 "은하철도 999"(일본, 1979)와 "디즈니 만화동산"(미국, 1992)이었다. 하필 주일 아침 8시에 TV에서 만화영화가 방영되어 아이들이 만화를 보고 싶은 간절함을 포기하게 하는 것은 쉬운 일이 아니었다.

매 분기 기도원에서 철야 기도회를 열어 학생들을 위해, 주일학교를 위해 기도했다. 이러한 교사들의 뜨거운 열정으로 여러 부족한 요소를 메울 수 있었다.

코로나19가 기승을 부리면서, 비대면 온라인 주일학교 사역을 한다는 것이 교사들에게 쉬운 일은 아니다. 온라인 디지털 문화에 생소하고, 이를 제대로 이해하지 못하는 가운데 여러 오해하기 쉬운 상황을 만나고, 상처를 입기도 했다. 디지털 마인드에 적응하지 못해 떠나는 교사도 있었다. 이러한 상황은 충분히 공감한다. 하지만 교회교육은 교사들의 기능만으로 완성되는 것이 아니다. 교회교육에는 교육의 최전방에서 현란한 기법으로 학생들을 지도하는 것이 중요하다. 또한 학생들의 언어를 잘 이해하지 못하고, 그들의 정서와 교류하지 못하더라도, 묵직하게 자리를 지키며 그들을 위해 중보하는 것 또한 중요하다.

때로는 학생들의 코드와 잘 맞지 않는 교사가 학생들을 끝까지 섬기는 모습이 학생들에게 깊은 감동을 준다. 자기가 가장 잘할 수 있는 것으로 끝까지 자리를 지키는 것은 착하고 충성된 종의 모습이다. 아무리 화려한 시설과 장비를 갖추어도, 신실한 교사들의 자리를 대체할 수 있는 것은 없다. 메타버스 교회학교를 정상 궤도에서 운행하려면, 모든 교사가 각자의 자리를 지키는 것은 정말 중요하다.

"네가 네 자신과 가르침을 살펴 이 일을 계속하라"(딤전 4:16).

31) 온 식구가 적극 협력하라

눈에는 보이지 않지만 지금 이 순간에도 수많은 방송 전파가 날아다

닌다. 최근에는 각 장르별로 특성화된 문화 콘텐츠가 엄청나게 쏟아지고 있다. 그러나 아무리 효과적인 콘텐츠를 준비하고 송출해도, 그 방송을 틀지 않으면 아무런 의미가 없다. 마찬가지로 메타버스 교회학교의 기능을 총동원해 좋은 콘텐츠를 제작하여 보급해도, 각 가정에서 이를 잘 활용해야만 좋은 결과를 얻을 수 있다. 따라서 교회에서 메타버스 교회학교에 최적화된 콘텐츠를 송출하면, 각 가정에서 자녀들에게 제대로 기능할 수 있도록 적극 협조해야 한다.

메타버스 교회학교가 임시방편으로 자녀들과 연결되는 것으로 만족해서는 안 된다. 메타버스 교회학교는 아이들만을 위한 것이 아니다. 그 아이의 가정이 하나님으로 채워져야 한다. 부모들이 자녀들에게 신앙 교육의 중요성을 말로만 하는 것이 아니라, 메타버스 교회학교가 작동함을 감사하고, 이를 소중히 여기고, 자녀들을 잘 인도해야 한다.

가정교회 분위기를 갖추도록 돕는다

메타버스 교회학교가 시작되기 전에 가정에서 환경적인 준비를 갖추어야 한다. 자녀들이 메타버스 교회학교의 프로그램에 접속하면 TV를 꺼야 한다. 집안일이 급해도, 시간과 일정을 조정해 자녀들이 메타버스 교회학교에 집중하도록 도와야 한다. 어느 가정은 온라인 예배 시간이 되면, TV로 교회와 연결한 다음 온 가족이 집 밖으로 나갔다가 다시 집 안으로 들어온다. 마치 교회당으로 입장하는 것과 같은 효과를 얻기 위해서다. 형식적이라고 말할 수도 있겠지만, 어떻게 해서라도 신령과 진정으로 예배하려는 마음이 느껴져서 깊은 감동을 받았다.

접속하고 시작할 수 있게 지도한다

학생들이 주의를 기울인다 해도 가끔 시간을 잊을 수 있다. 저학년생들은 시간 개념을 혼동할 우려가 있기에 이를 지혜롭게 유도해 주어야 한다. 메타버스 교회학교를 위해 성경과 교재를 준비하고, 필요한 준비물을 챙기도록 도와야 한다. 메타버스 교회학교가 성공적으로 진행되려면, 참가 학생이 모든 준비를 해야 하기 때문이다. 학부모들이 학생들의 학업에 엄청난 관심을 기울이듯이, 각 가정의 자녀들이 믿음으로 자라도록 최선을 다해야 한다.

중보하면서 돕는다

출애굽한 이스라엘이 아말렉과 전투할 때, 여호수아는 최전방에서 싸웠다. 이는 목숨을 걸어야 하는 위험한 전투였다. 그런데 이 전투는 여호수아만의 전투가 아니었다. 모세는 아론과 훌의 도움을 받아 전투하는 여호수아와 그 군대를 위해 중보했다. 산 위에서의 기도와 전쟁터에서의 전투가 메타버스적으로 연결되어 완벽한 승리를 거두었다. 학생들이 모니터를 통해 예배하며 교육을 받을 때, 이 과정을 성령님이 주장하시도록 부모들이 중보해야 한다. 온라인 수업을 하거나 인터넷 강좌를 듣는 것은 온전히 학생들의 영역이다. 하지만 메타버스 교회학교는 영적 흐름으로 이어진다는 점을 감안하고 더불어 중보하기를 강력히 요청한다.

부모가 함께 참여하면서 돕는다

메타버스 교회교육은 쌍방향을 추구하지만, 온라인으로 송출될 때에는 한 방향으로 진행된다. 물론 나중에 다시 볼 수 있다는 장점이 있지만, 그 시간에 전해지는 내용은 그냥 지나간다. 때로는 송출된 내용을 학생들이 제대로 이해하지 못하기도 한다. 하지만 진행 본부에서는 이 상황을 알지 못하고 계속 진행한다. 이러한 때에 부모들이 중간에 자녀들에게 조언해 줄 수 있다. 성경의 용어와 개념을 부모들이 원 포인트로 레슨을 하면 부모들의 권위가 올라갈 수밖에 없다.

지식과 기술을 가진 사람은 질문하는 이에게 압도적인 권위를 가지게 된다. IT 영역은 자녀 세대가 부모 세대보다 훨씬 더 익숙하다. 평소에 부모들이 IT 영역에 서툴러서 자녀들에게 무시당하는 일이 일어나기도 한다. 하지만 성경 용어나 일반 시사 용어는 자녀들보다 부모들이 더 많이 알고 있다. 부모들이 그러한 부분에서 도움을 줄 때, 부모의 권위가 든든히 세워진다.

"방 탈출 게임" 미션을 수행하려고 4학년 이레가 어머니와 함께 교회에 왔다. 미션을 수행하던 이레가 말씀을 읽고 그 말씀을 적용하는 단계에서 어려움을 겪었다. 그 미션은 출애굽기 19장의 십계명에 관한 말씀을 읽고 적용하는 문제였다.

이레는 자기 힘으로는 문제를 해결하기 힘들어지자 '엄마 찬스'를 사용했다. 이레의 어머니가 쉽게 성경을 찾아내고 그 의미를 설명해 주자, 이레는 어머니를 존경하는 눈빛으로 바라보았다.

부모의 권위는 자녀가 원하는 물건을 사주고 자녀가 동경하는 자리에 이르는 것으로만 만들어지는 것이 아니다. 자녀의 눈에 부모가 말씀의 권위자로 설 때, 자녀는 부모들의 권위를 인정하게 된다.

세대 간의 차이를 허물 수 있다

자녀와의 관계를 돈독히 하는 가장 효과적인 방법은 자녀들과 같은 경험을 공유하는 것이다. 무엇을 하든 자녀들과 함께 같은 시간을 나누는 것은 상호 신뢰를 높이는 최고의 방법이다. 즐거운 놀이를 하거나 아름다운 시간을 함께 체험하는 것도 중요하다. 하나님의 말씀을 함께 나누면 그 어떤 것보다 특별한 경험이 된다. 부모와 자녀가 같은 취미를 공유하거나 앞으로의 진로에 대해 함께 탐구하는 시간을 보내는 것도 큰 효과를 볼 수 있다. 메타버스 교회학교를 통해 부모들이 자녀들과 하나님의 말씀을 놓고 시간을 공유한다는 것은, 그 가정과 자녀들을 말씀의 반석 위에 세우는 것과 같다.

신앙 교육은 가정에 주어진 고유한 의무이며 축복이다. 이 귀한 사역을 교회에 위탁하는 것만으로는 자녀들이 복음의 사람으로 자라게 하는 데 한계가 있다. 메타버스 교회교육은 '주일의 교회당'이라는 시공간으로 제한되던 신앙 교육을 가정과 부모들에게 확산하는 특별한 유익을 안겨 준다. 이러한

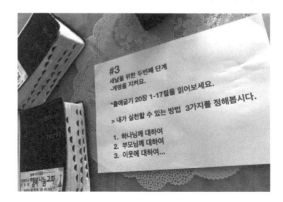

요소가 극대화되도록 부모들은 메타버스 교회학교에서 진행하는 자녀들의 신앙 교육에 더욱 협력해야 할 것이다.

32) 크루를 만들라

『브레멘 음악대』라는 독일 동화는 협력 사역의 아름다움을 보여 준다. 이 동화에는 효용이 다한 동물들이 주인공이다. 평생 열심히 일했지만 노쇠하자 주인이 시장에 팔려는 당나귀, 사냥할 능력을 잃어버려 주인이 쫓아낸 사냥개, 나이가 많아 쥐를 잡지 못하자 주인이 강물에 던지려 한 고양이, 쓸모가 없어 스프로 만들려 했던 수탉이 만나서 팀을 이룬다. 주인들이 보기엔 가치가 없지만, 그들은 각자에게 아직 남아 있는 재능을 모아서 도적을 몰아내고 공동체를 이룬다. 이처럼 협력하는 일은 엄청난 효과를 나타낸다.

하나님은 각 사람에게 특별한 은사를 주셨다. 자신이 가진 장점인 은사들을 잘 발휘하면서 그 은사가 결합되어 하나님의 작품을 만들게 하신다. 메타버스 교회학교 사역을 하면서, 좋은 동역자들을 많이 만났다. "All Things New" 집회와 "비전토크" 같은 메타버스 프로그램은 한 사람의 힘으로 이루어지지 않았다.

이 사역들을 하면서 나는 기획과 추진, 설교, 섭외를 맡았다. 헤븐인교회를 섬기는 제주경 목사는 방송 시설과 장비 설치와 운영, 찬양 인도를 맡았다. 대구 청구교회를 섬기는 정도환 목사는 기도회, 레크리에이션, 섭외를 맡아 섬겼다. 각기 스타일과 성향이 다르지만, 함께 모여 섬길 때 아주 놀라운 사역이 가능해졌다.

유명 강사 김미경 씨는 그의 책 『김미경의 리부트』(웅진지식하우스, 2021)에서 서로에게 동기부여가 되는 이들을 만나라고 한다. 이렇게 자신의 일로 가슴이 뛰고 서로에게 자극을 주기 좋아하는 이들과 연결되어 있으면 사람은 빨리 성장하게 되어 있다.[51]

이는 행복나눔교회 사역에서도 마찬가지다. 주일학교에서 조민철 목사가 메타버스 교회학교의 특성을 잘 이해하고 다양한 프로그램을 진행한다. 교사와 학부모가 감탄할 정도의 유기적 프로그램으로 코로나 시대에도 영적 성장이 가능함을 보여 준다. 중고등부를 담당하는 김현태 간사는 여리고 성벽 같은 청소년들의 마음을 다양한 패턴으로 터치하면서 학생들의 영적 성숙을 이루고 있다. 학생들을 일대일로 만나 학생들의 감성에 맞추어 섬기고, 학생들이 다양한 미션을 수행할 수 있도록 인도해서 코로나 시대에도 청소년들이 영적으로 성숙해지는 것이 가능함을 실질적으로 증명하고 있다. 이러한 사역이 가능하도록 청소년부 담당 이성수 목사와 교사들이 적극적으로 협조하면서 경이로운 변화를 누리고 있다.

각 교회에서 크루를 만들라

교회 안에는 저마다 특별한 은사를 가진 성도들이 있다. 이전에는 각광받지 못했지만, 코로나19 이후의 상황에 최적화된 역할을 할 수 있는 사역자들이 있다. 동영상을 제작하고 편집하는 것은 이전에는 특별한 능력이 아니었다. 교회에 시설물을 설치하고 장비를 관리하는 것이 중요한 능력이었다. 하지만 온라인으로 예배와 교육 내용이 송출되어야 하는 상황에서 동영상을 잘 다루는 능력이 빛을 발하게 되었다. 교회에서는 그러한 능력을 갖춘 이들이 얼마든지 활약할 수 있도록 격려하며 새로운 동기부여를 해야 한다.

크루에게 재량권을 주어야 한다

아날로그 감성과 디지털 감성에는 분명한 차이가 존재한다. 아날로그 상황에 익숙한 리더에게 디지털 감성은 생소하다. 자신에게 생소한 영역은 자신이 판단해서는 안 된다. 리더는 자기에게 서툰 영역은 담당자가 소신을 가지고 최선을 다하도록 지원해 주는 것이 현명하다.

디지털 장비를 다 이해하지는 못해도 교회가 수용할 수 있는 최대한의 지원을 해야 한다. '그냥 화면만 나오면 된다'라는 생각으로 카메라 장비와 컴퓨터 장비를 최소한의 비용으로만 장만하면, 뜻하지 않은 사태가 일어날 수 있다. 에어컨을 설치할 때 실내 면적이 40평이라고 해서 40평형의 에어컨을 구입하지는 않는다. 그렇게 하면 예상치 못했던 더위를 이길 수 없다. 그래서 에어컨 전문가들은 10~20% 정도 용량이 더 큰 것을 살 것을 추천한다.

자기의 전문 영역이 아닌 부분은 그 일을 현장에서 직접 다루는 이의 의견이 가장 강력하게 반영되어야 한다. 평일 상황을 기준으로 장비를 설치하고 토요일에 시범 운영을 하면 아무런 문제없이 작동될 수 있다. 하지만 주일 아침 시간에 전국의 수많은 교회가 접속할 때는 생방송으로 드리는 예배가 중단되는 대참사가 일어날 수 있다. 이 일은 실제로 여러 교회에서 발생했다. 그러므로 전문가들의 제안을 적극적으로 수용해야 하며, 그래야만 사역자들은 힘을 낭비하지 않고, 사역에 집중할 수 있다.

다른 교회의 사역자들과 함께하라

한 개체 교회만이 교회의 전부가 아니다. 교회는 유기체적인 공동체이기에, 한 교회 안에서 서로 교제하는 것으로 끝나서는 안 된다. 그리스도를 주로 믿고 부름을 받은 성도들은 모두가 한 교회의 일원이다. 코로나19 이전에는 각 개체 교회들 사이에 묘한 긴장감이 돌기도 했다. 그러나 코로나19 이후에는 교회들이 서로 연결하고 합력하는 것이 얼마나 중요한지 알게 되었다. 한 교회에서 효과적으로 사용하던 방식을 다른 교회들도 활용하면서 교회 협력의 중요함을 알게 되었다.

온라인의 가장 큰 장점은 시간과 장소를 초월한다는 것이다. 서로 공감하는 문제를 각자 다른 관점에서 해결하려고 노력할 때 의외의 해법을 얻을 수 있다. 거대 담론으로 본질적인 해법을 얻으려는 시도보다는 스몰토크로 시작하는 것이 필요하다. 회사나 사업체도 브레인스토밍 과정에서 의외의 실마리를 발견하기도 한다.

코스타 집회가 시작되기 전에 오리엔테이션에서 항상 듣는 말이 있다. "우리의 사역은 한 사람의 스타가 다 하는 것이 아닙니다. 우리는 모자이크처럼 각기 다른 한 조각 한 조각이 모여 하나의 작품을 이룹니다. 혼자서 다 해야 한다는 긴장감을 내려놓고 강사님들을 신뢰하면서 주어진 시간에 주어진 사역을 잘 감당하도록 합시다." 각자의 분야에서 사역하던 강사들이 각자의 빛으로 섬길 때, 놀라운 결과가 나타난다. 집회 이전에 사전 미팅을 하지 않았는데도 집회 과정이 하나의 메시지로 통일되어, 각자 빛깔을 가진 색유리 조각이 모여 영롱한 스테인드글라스로 완성된다.

메타버스 교회학교를 성공적으로 사역하는 교회는, 진흙 속의 보석처럼 숨겨진 일꾼들을 새롭게 발굴해 사역에 동참시킨다. 이전에는 온라인 게임에 너무 집중한다고 구박받던 교역자가 학생들과 함께 게임하는 프로그램에서 전문 해설가로 나서서 분위기를 드높이기도 한다.

이처럼 메타버스 교회학교에서는 각 사람이 가진 특별한 재능이 모여 놀라운 작품을 이룬다. 이러한 장을 만들면서 개인의 영적 성장은 물론, 효과적인 메타버스 교회학교가 가능해진다.

33) 다른 교회와 공유하라

2021년에는 종려주일과 고난주간, 부활주일 행사를 준비하면서 교재를 만들었다. 예수님의 가상칠언을 중심으로 매일 고난주간의 특별새벽기도회 참여를 독려하는 개인별 체크 리스트를 만들었다. 어렵게 만든 교재를 우리 교회만 사용하기에는 아까운 생각이 들어 페이스북에 공개했다. 행복나눔교회라는 명칭을 각자의 교회 이름으로 바꾸어서 사용할 수 있도록 파일을 메일로 드리겠다고 광고했다. 다섯 교회에서 연락이 왔고, 각 교회에서는 자기 교회 이름을 넣어서 수정한 교재를 사진으로 찍어서 보내 주었다.

교회는 하나의 공동체다. 교회의 주인이신 그리스도를 주춧돌로 성도와 성도가 벽돌과 벽돌로 연결되어 하나의 건물을 만들어 간다. 이렇게 형성된 각 개교회는 유기적인 관계를 가지는 하나의 교회다. 지상에서 우리 눈에 보이는 교회는 경쟁 업체가 아니다. 그러므로 교회는 서로 연합해 각자의 좋은 점을 서로 나누어야 한다.

행복나눔교회에서 준비하고 시행하는 사역에는 공공재의 의미가 있다. 이는 우리 교회만의 특허나 지적 재산권이 아니다. 다른 교회에서 고민하던 부분의 해답이 되거나, 새로운 사역의 인사이트가 될 수 있다. 각 교회는 특별한 재능과 은사를 가진 사람들이 독창적인 프로그램들을 만들 수 있다. 그러한 프로그램과 좋은 면을 서로 나눌 수 있으면 얼마나 좋을까?

나는 다른 교회에서 진행하는 다양한 사역을 다룬 책과 동영상을 보면서 많은 영감을 얻는다. 그 프로그램들이 모두 우리 교회에 직접 도움이 되지 않을 수 있다. 그 프로그램이 특정 지역에서는 효과적이지만, 우리 교회에서는 수용하기 어려운 경우도 많다. 메타버스 시대의 모든 콘텐츠는 일회적이지 않다. 각 교회에서 몇 번이나 재생할 수 있고, 이는 다양한 교회에 도전이 될 수 있다.

최근 한 교회의 금요 집회에서 설교했다. 그 설교 영상이 그 교회의 유튜브 계정에 등재되었길래 싱가포르에 있는 제자에게 링크를 보내 주었다. 싱가포르의 제자는 내가 설교한 동영상을 여러 번 보면서 위로와 은혜를 받았다고 했다.

다양한 인터넷 창구를 통해 각자 효과적이었던 내용을 함께 올려 주면, 다른 교회나 주일학교에 굉장한 도움이 될 수 있다. 이러한 콘텐츠를 서로 나누면서 다양한 유익을 얻을 수 있다. 초대교회 시대에 예루살렘 교회가 만난 기근은 안디옥 교회의 기도 제목이었으며, 아시아 지역 교회들이 재정을 모아 지원하여 고비를 넘길 수 있었다. 지역과 배경이 완전히 다르지만 서로가 하나의 교회라는 의식은 서로를 살리고 지키게 한다. 메타버스 교회학교는 우리 교회의 킬러 콘텐츠를 다른 교회학교들과 나누어야 더욱 가치를 발휘한다는 것을 기억해야 한다.

9. 온택트(Ontact)는 온(On)이어야 한다

— 항상 접속해 시공간을 넘으라.

34) 학생들의 관심사와 늘 연결되어 있으라

2020년도의 여름성경학교는 "향기나무"와 함께 진행하는 온라인 수련회였다. 학생들과 놀이를 통해 진행하는 이 캠프는 뜨거운 열기로 가득했다. 그러나 온라인의 장점을 총동원해 진행하는 성경학교에서 설교해 줄 것을 요청받았을 때 굉장히 난감했다. 이 들뜬 분위기를 어떻게 설교로 연결할 것인가? 고민 끝에 설교 도입부에서 학생들의 참여를 유도할 질문과 만들기를 준비했다. 교회에는 그림을 그릴 종이와 색연필이나 크레파스, 포스트잇을 준비해 달라고 요청했다. 설교가 시작되고, 나는 학생들에게 나무를 그려서 보여 달라고 했다. 학생들이 그린 그림을

카메라에 비추었다. 나는 그림을 보면서 "나무가 아주 날씬하네", "나무가 아주 푸르다", "나무색이 이쁘다"라고 말하며 하나하나 칭찬했다.

그리고는 그 나무에 자기 이름을 포스트잇으로 써서 붙이라고 했다. 나도 내가 그린 나무 그림에 "현철 나무"라고 포스트잇을 붙이고는 아이들에게 카메라로 보여 주었다. 그것을 보더니 아이들은 각자 그림에 자기 이름을 포스트잇으로 붙였다. 그 작업이 끝나고 나는 아이들에게 그 나무는 내가 어떤 사람인지를 가르쳐 준다고 말하고 이렇게 덧붙였다.

"이제 자기 나무에 열매를 붙일 거예요. 첫 번째 열매는 내가 좋아하는 과일이에요. 포스트잇에 자기가 좋아하는 과일을 써서 붙여 봅니다. 목사님은 포도를 좋아해요. 과일 이름을 쓰는 대신 그림을 그려도 좋습니다."

이 부분에서 가장 좋은 것은 학생들이 스스로 답을 찾는 것이다. 그러기 위해서는 좋은 질문을 던져야 한다. '네', '아니오'로만 답할 수 있는 질문은 좋은 질문이 아니다. 지적 수준이 높아야만 답할 수 있는 질문도 그리 좋은 질문이 아니다. 그 공동체 안에 오래 있어야만 답을 알 수 있는 질문도 현명하지 못하다. 누구라도 쉽게 답할 수 있는 질문을 개발하고 적용해야 한다.

좋아하는 계절이나 과자, 만화, 노래처럼 고민하지 않고 답할 수 있는 문제가 좋다. 혈액형처럼 혼자 알 수 없는 경우에는 부모님의 도움을 받도록 했다. 답을 다 쓰면 그 답을 카메라로 비추게 한다. 그리고 될 수 있는 대로 아이들의 이름을 부르면서 답을 언급한다.

이 프로그램의 목표는 자기가 누구인지를 스스로 확인하고 다른 친구들의 기호를 알아보는 것이었다. 사람마다 취향이 다르고 좋아하는 것도 다르며, 자기와 다른 것은 틀린 것이 아님을 가르쳤다. 또한 나와 다른 이들을 존중해 주어야 한다는 사실도 알려 주며, 남들과 다른 점은 하나님이 각자 다르게 창조하셨기 때문임을 일깨워 주었다.

게임을 진행하면서 너무 길게 말을 하면 지루해진다. 잔소리꾼의 특징중 하나가 자꾸 말로 설명하려는 것이다. 말할 때는 정제된 표현을 사용하고 여운을 남겨야 한다.

설교나 강의 도입부에는 주제와 관련된 메시지를 잘 전달할 수 있는 순서를 준비하면 효과적이다. 학생들이 스스로 설교에 들어오도록, 다양한 형태로 수월하게 참여하도록 진입 장벽을 낮춰야 한다. 한 번은 가위바위보 게임을 했다. 설교자와 같은 표식을 내야만 살아남을 수 있는 게임이다. 가위바위보는 아무런 준비 없이 할 수 있고 쉽게 승부가 나기 때문에 순식간에 집중도가 올라가고 누구나 쉽게 할 수 있다. 설교자가 "가위, 바위" 하면 순식간에 긴장감이 돈다. 이 게임은 청중이 아무리 많아도 서너 번 만에 좌중을 휘어잡을 수 있다. 그리고 마지막까지 남은 이들을 앞으로 나오게 해서 결승전을 할 수도 있다. 그리고 최후의 일인에게는 상품을 준다. 그러면서 이렇게 선포한다.

"설교자와 끝까지 같은 가위바위보를 내면 결국 좋은 것을 얻게 된다. 설교자와 주파수를 같이 하면 크게 상을 받는다. 그와 같이 우리가 하나님과 주파수를 같게 하면 우리 인생에 하나님이 주시는 상급이 넘치게 된다. 하나님이 기뻐하시는 것을 기뻐하고, 하나님이 싫어하시는 것을 싫어하는 것이 하나님과 주파수를 맞추는 것이다."

데카르트는 "나는 생각한다. 고로 나는 존재한다"라고 인식론의 시작을 알렸다. 하지만 메타버스 시대에는 "나는 접속한다. 고로 나는 존재한다"라는 개념으로 살아간다. 요즘 아이들은 자기의 메시지를 읽고 답하지 않으면, 자신이 무시당했다고 생각한다. 단톡방에서 자기 이야기에 반응을 보이지 않는 '무플'을 '악플'보다 무섭게 여긴다. 이러한 시대적 흐름을 이해하고 학생들과 늘 연결된 메타버스 교회교육 프로그램을 준비해야 한다.

35) 즉각 응답하라(학생들과의 연결은 즉각적이어야 한다)

메타버스 시대와 청소년들의 특징 중 하나는 속도다. 최근 과학의 발달로 인해 시대는 갈수록 빨라지고 있다. 1990년대 초반까지 학생들과의 주된 소통방식은 편지였다. 당시는 「십대들의 쪽지」, 「십대들의 벗」 같은 문서 사역이 효과적인 방식이었다. 전화기로는 학생들과 개인적인 이야기를 하기 어려웠기 때문에 편지를 통해서 심층적인 돌봄 사역이 가능했다. 결석한 친구들, 어려움이 있는 친구들에게는 편지로 위로와 격려의 메시지를 담아서 전달했다. 새로이 교회에 오는 친구들에게는 그 친구를 전도한 친구 편으로 편지를 보내기도 했다. 이러한 편지 사역은 효과가 컸지만, 문제는 시간이었다. 편지를 보내면, 도착하기까지 여러 날이 걸렸다. 답장을 받는 데에도 시간이 걸렸다.

메타버스 시대에는 그러한 일들이 아득한 전설로 느껴질 만큼 신속한 속도를 자랑한다. 학생들에게 위로와 격려의 글을 보낼 때 카카오톡이나 문자 메시지, 메일을 이용하면 순식간에 빛의 속도로 전달된다. 이러한 디지털 문화에서 태어나고 자라난 학생들은 '읽씹'(내용을 읽고도 답장을 안 하는 경우)을 겪으면 엄청난 무시를 받았다고 생각한다. 그러므로 학생들에게서 연락이 오거나 답이 오면 즉시 반응을 보여야 한다. 여러 업무를 처리하느라 '다음에 답해야지'라고 미루는 순간, 학생들에게 그 사역자는 우선순위에서 밀려나게 된다. 정말 바쁜 시간에는 이모티콘이나 짤을 보내면서, 나중에 답하겠다고 대응해야 한다.

메타버스 세대의 학생들은 텍스트보다는 짤이나 밈으로 의사소통 하기를 좋아한다. 그래서 나는 평소에 간단한 의사 표시를 할 수 있는 재미있는 짤들을 미리 준비한다.

- "감사합니다." - 감 4개를 촬영한 사진
- "설렌다." - 특정 브랜드 아이스크림 사진
- "기다려 주세요." - 동물을 훈련시키면서 "기다려"라고 말하는 장면
- "곧 카톡할게." - 스마트폰을 사용하는 동물 그림

당장 텍스트로 소통하기 어려울 때 이러한 사진을 보내면, 즉시 답장을 주어서 학생들에게 감동을 주고, 요즈음 세대의 감성을 소화한다는 동질감을 주는 등 다양한 효과를 기대할 수 있다.

프로그램을 진행할 때 학생들에게 선물을 준다고 공지했다면 그 선물은 바로 전달되어야 한다. "아, 이번엔 미처 준비가 안 되었네. 다음 주일

에 꼭 줄게"라고 말하는 순간 심각한 손해가 발생한다. 만일 선물을 준비하지 못했다면, 당장 대체할 수 있는 온라인 선물로라도 변경해야 한다. 응답이 즉각적으로 되지 않으면 신뢰에 문제가 생긴다. 이러한 상황이 반복되면 다음 이벤트에 대한 기대감도 점차 약해진다. 그러므로 학생들과의 약속은 공적이든 사적이든 즉시 이행해야 한다. 분명하고도 신속한 의사소통은 상호간의 신뢰를 더욱 높여 준다.

36) 정보(Information)가 아닌 영향(Impact)을 주어라

메타버스 교회학교 운영에 투자하는 만큼, 많은 내용을 전달하려는 의욕을 갖는 것은 훌륭한 태도다. 하지만 메타버스 교회교육의 진정한 목표는 정보(information)를 전달하는 것이 아니다. 메타버스 교회교육에 참여하는 학생들과 정서적으로 소통하는 것이 무엇보다 중요하다. 온라인 수업을 듣는 학생들은 고립과 두려움, 실망의 감정을 굉장히 많이 느낀다.[52] 그러므로 온라인과 오프라인을 균형 있게 강조하는 메타버스 교회교육은 정보만을 전하지 않고, 임팩트(impect)를 체험하도록 해야 한다.

귀신들도 하나님과 성경, 예수님에 대해서 잘 안다. 거라사의 광인에 깃들었던 군대 귀신은 예수님이 누구신지 정확히 알고 있었다.

"아 나사렛 예수여 우리가 당신과 무슨 상관이 있나이까 우리를 멸하러 왔나이까 나는 당신이 누구인 줄 아노니 하나님의 거룩한 자니이다"(눅 4:34).

귀신들은 예수님이 누구신지 정확하게 잘 알았지만 그것뿐이었다. 귀신들은 예수님이 하나님의 아들이심을 알았지만 회개하지 않았다. 예수님이 이 세상에 오셨을 때, 당시 신학자들은 메시아 탄생에 대해 정확히 알고 있었다. 그래서 헤롯 왕이 조언을 구할 때 즉시 답변을 할 정도였다. 그들은 정확한 정보를 방대하게 가지고 있었지만, 그 지식은 그들에게 어떤 의미도 주지 못했다.

메타버스 교회교육에서는 성경을 효과적으로 전달해 이해시키려고 한다. 최선을 다해 성경 메시지를 전달하려고 노력한다. 그럼에도 항상 기억해야 할 것은 메타버스 교회교육은 온라인 학원 강좌나 기업체의 상품 광고와는 근본적으로 목적이 다르다는 것이다. 메타버스 교회교육에서 최고의 목표는 하나님의 사랑을 경험하도록 하는 것이다. 비대면 상황이라고 손 놓고 포기하는 것이 아니라, 온라인이라는 방법을 만들어서라도 학생들을 만나려는 열정은 확실한 효과(impact)를 준다.

그러므로 메타버스 교회교육을 실행하는 것만으로도 이미 충분한 소정의 목표를 이루었음을 기억해야 한다. 메타버스 교회교육으로 서로가 만나 거룩한 임팩트를 끼치는 것으로, 일단의 성과는 이미 달성한 것이다. 메타버스 교회학교를 운영하는 것은 학생들에게 이러한 메시지를 생생하게 전달하기 위함이다. "하나님은 우리를 사랑하신다. 교회는 너에게 깊은 관심이 있으며, 목회자와 선생님은 너를 중요하게 여긴다. 그래서 이렇게 해서라도 너를 만나고 싶다." 이러한 메시지가 전달되면 메타버스 교회교육은 충분히 성과를 올린 것이다. 따라서 정보를 더 많이 전달해야 한다는 부담감에서 자유로워야 한다.

10. 지속적으로 업그레이드 하라

37) 낯선 것들과 조우하라

글을 잘 쓰기 위한 비결은 "다독, 다작, 다상량"이다. 이는 고등학교 1학년 국어 시간에 배운 용어인데, 중국 송나라의 문장가인 구양수가 제시한 '삼다법'을 의미한다. '다독'은 많은 책을 읽는 것, '다작'은 스스로 글을 많이 써 보는 것, '다상량'은 생각을 많이 하는 것을 뜻한다. 다독을 통해서 다양한 어휘와 문장을 축적하고, 다작을 통해 훈련해야 한다. 그리고 좋은 글을 쓰기 위해서는 무엇보다 생각을 많이 해야 한다. 이러한 조언은 메타버스 교회학교에도 적용된다. 새로운 관점에서 설교와 강의를 하려면 다양한 생각의 재료가 필요하다.

설교자와 교사들은 다양한 주제를 지속적으로 공부해야 한다. 특히 낯선 단어와 익숙하지 않은 개념에 자기를 노출시키는 것은, 새로운 관점을 얻는 과정에 반드시 필요하다. 사람은 다른 나라에 가면 두뇌 회전이 엄청나게 빨라진다. 다른 나라에 가면 태양의 고도가 달라져 공간에 대한 느낌부터 다르다. 낯선 언어가 들리고, 익숙하지 못한 냄새와 언어와 색깔에 노출이 되면서 신진대사가 급속하게 증가된다. 그로 인해 잊어버린 기억이 돋아나기도 하고, 그동안 배운 메시지가 서로 충돌하면서, 뜻밖의 영감이 떠오르기도 한다. 그렇기에 창의적인 일을 하는 사람들은 커다란 프로젝트를 마치면 다른 문화권으로 가서 재충전을 하는 경우도 많다.

TV 프로그램 "1박 2일"을 5년간 연출하면서 시청률을 50%까지 올린 나영석 PD는 오랫동안 아이디어를 짜내면서 치열하게 달리다 결국 탈진해 버렸다. 그는 인기 절정의 방송을 내려 두고 아이슬란드로 가서 대자연 속에서 자기를 충전했다. 좀처럼 보기 힘든 오로라를 기적처럼 보고 나서, 그의 관점은 획기적으로 변하기 시작했다. 그후 "꽃보다 청춘", "삼시세끼" 등을 새롭게 연출하면서 제2의 전성기를 열게 된다.

이 말은 무조건 해외를 나가야 재충전할 수 있다는 뜻이 아니다. 우리는 대부분 익숙한 방식으로 생활하고 사역한다. 문화생활을 누릴 때도 늘 비슷한 경험을 한다. 인공지능이 사람들의 소비 패턴, 행동 패턴, 시청 패턴을 파악해서 그에 따른 데이터를 추천하기 때문에 이전보다 더욱 확증 편향에 빠지기 쉽다. 설교를 위해 본문을 정할 때도 자기에게 익숙한 본문을 채택하고, 설교 주제도 자기에게 적합한 내용을 택하는 경우가 많다. 이는 쉽게 매너리즘에 빠지게 하며, 학생들과 성도들을 입체적으로 성장하지 못하게 한다.

변화경영전문연구소를 설립한 1인 기업의 효시자 구본형 작가는 안정적인 삶을 살다가 어느 날 갑자기, 견고해 보이던 자기의 삶과는 다른 특별한 모험을 시작했다. 그런 결심을 하게 된 계기는 자기가 쓴 책 때문이었다. 그 책의 제목은 『익숙한 것과의 결별』(을유문화사, 2007)이다. 창의적이고 새로운 메시지를 전하려면, 낯선 단어들과 지속적으로 충돌해야 한다. 메타버스 교회교육에서도 학생들에게 다양한 낯섦을 제공해야 한다.

38) 연습하고 축적하라

"첼로의 성인"이라 불리는 파블로 카잘스의 연주는 수많은 사람에게 깊은 영감을 주었다. 그는 95세의 나이에도 하루에 6시간 이상을 연습했다. 그는 그 이유를 연습을 하면 조금씩 실력이 나아지기 때문이라고 설명했다. 누구도 따라갈 수 없는 경지에 오른 그도 연습을 멈추지 않았다. 폴란드의 피아니스트인 이그나치 얀 파데레프스키는 엄청나게 노력하며 세계적인 자리에 올랐다. 그는 최고의 자리에 올라서도 하루에 6시간 이상 연습하는 것을 게을리 하지 않았다. 어느 날 그의 친구가 와서 "자네같이 뛰어난 피아니스트가 왜 그렇게 연습을 많이 하는가?" 하고 질문했다. 이 질문에 파데레프스키는 이렇게 대답했다. "하루 연습하지 않으면 내가 알고, 이틀을 연습하지 않으면 비평가들이, 사흘을 연습하지 않으면 관객이 안다네."

어떠한 분야에서든지 '연습과 훈련'은 중요하다. 나는 청소년과 청년들에게 설교하면서 그들의 시선과 관심이 어디에 있는지 알기 위해 많은 시간을 투자한다. 예를 들어 이런 식이다. 영화 "어벤져스"의 '인피니티 스톤'을 베드로서의 산 돌(리빙 스톤)이신 예수님과 연결해 설명할 때 그냥 인피니티 스톤이라고 하면 좀 밋밋한 느낌이 든다. 그래서 "인피니티 스톤은 6개입니다. 파워, 스페이스, 리얼리티, 소울, 타임, 마인드 스톤." 손가락을 하나씩 펼치면서 이렇게 이야기하면 아이들은 눈을 동그랗게 뜨면서 집중한다. 자기들은 대충 알고 있는 이름을 정확하게 하나씩 짚어서 이야기하니, 환호성과 박수가 나오기도 한다. 이러한 장치 하나가 학생들을 설교에 더 집중하게 한다. 이 6개의 스톤 이름을 외우는 것은 상당히 까다로운 일이다. 하지만 지속적으로 반복해 입에 붙도록 연습하고, 설교하기 직전에는 혹시 무대에서 잊을 가능성이 있기에, 첫 글자만 큼직하게 설교 원고에 붙이기도 한다.

이처럼 청소년과 청년이 즐겨 보는 문화 콘텐츠는 그들과의 눈높이를 맞추는 데 효과적이다. 비록 내 취향에는 맞지 않아도 학생들과의 연결고리로 사용하기 위해 노력하고 연습하면, 설교자인 내가 아니라 내가 전하려는 메시지에 초점을 맞추고 분위기를 환기할 수 있다. 이를 위해 설교 원고를 철저히 작성하고, 파워포인트에 그 자료를 정리해서 설교한다. 이러한 노력이 학생들에게 조금 더 효과적인 메시지를 전하는 설교자로 세워 준다.

무엇을 준비해도 10년은 해야 티가 난다. 기타를 제대로 치려면 음악을 듣는 데 10년, 배우는 데 10년, 연주하는 데 10년이 걸린다.[52]

자기 안의 감성을 기타로 표현하는 데에도 30년이 걸린다면, 살아 있는 하나님의 말씀을 효과적으로 전달하기 위해서는 얼마만큼의 연습을 해야 할까를 생각해 본다. 인기 강사 김미경 씨는 수입의 30% 정도는 미

래를 위한 공부에 투자한다고 한다. 그 모든 결과는 그의 몸과 경력, 인생에 고스란히 남는다.[53]

청중 앞에서 설교하는 것은 감격적인 일이다. 그러나 설교를 준비하는 시간은 지루하고 고단하다. 지루하고 고단한 연습과 준비의 시간을 충실히 한 설교자만이 설교의 영광을 경험할 수 있다. 축적의 힘은 반드시 위력을 발휘한다. 연습을 위해 흘린 모든 수고의 축적인 메타버스 교회학교를 통해 말씀을 배우는 청중에게 거룩한 열매가 나타나게 된다.

39) 영성을 충만히 채우라(은혜에 깊이 잠겨야 한다)

메타버스 교회학교의 핵심은 다양한 매체나 콘텐츠를 통해 하나님의 영광을 학생들이 경험하도록 하는 것이다. 학생들에게 효과적인 콘텐츠를 만드는 데 관심을 집중하다 보면, 재미와 독창성을 갖추어야 한다는 엄청난 스트레스를 받게 된다. 콘텐츠가 아무리 신기하고 파격적이라고 해도 학생들은 금세 적응해 버린다. 그렇기에 항상 새로운 콘텐츠를 만들어야 하는데, 쉬운 일이 아니다. 그러다 보면 성경을 읽는 것과 묵상하는 것에 소홀하게 될 수 있다. 콘텐츠 만드는 일에 집중하다 보면 개인적으로 영적 충전의 시간을 확보하기도 쉽지 않다. 이러한 일이 반복되면 설교자와 교사의 영이 메마르기 쉽다. 설교자와 교사가 영적으로 메마르면, 아무리 탁월하고 좋은 콘텐츠를 개발하고 시연해도 허전함으로 끝난다.

기도하는 시간과 성경 말씀 읽는 시간을 충분히 가지면, 지혜의 근원이신 하나님이 번뜩이는 영감을 주신다. 이러한 경험을 여러 번 반복하면, 진정한 설교 준비와 강의 준비는 모니터 앞이 아니라 하나님 앞에서 이루어짐을 알게 된다. 한 영혼 한 영혼을 하나님 앞에 올려드리고 중보하면, 하나님이 그 영혼들의 필요를 알려 주시고, 그 필요를 채워 줄 메시지와 좋은 해법과 아이템을 찾게 해 주신다.

"내가 지도하는 학생들의 심장 온도는 내 심장의 온도와 일치한다"라는 메시지를 교사 강습회의 결론 부분에서 자주 언급한다. 내가 하나님의 은혜로 뜨거워지면 내가 준비하고 전하는 콘텐츠의 탁월함에 관계없이, 학생들의 영혼은 타오르게 된다. 내가 하나님에게 충분히 기도하면서 성령의 은총이 충만히 적셔지면, 비록 콘텐츠의 완성도가 떨어진다 해도 학생들은 하나님의 은혜를 풍성히 경험하게 된다.

그러므로 최소한 내가 콘텐츠를 위해 준비하는 시간의 분량만큼, 성경을 읽고 기도하며 하나님의 은혜를 채우는 시간이 반드시 필요하다. 오히려 그러한 영적 채움의 시간이 더 효과적인 프로그램을 만들겠다고 분주하게 허둥대면서 머리를 쥐어짜고 준비하는 시간보다 더 생산적이다. 구약의 선지자는 하나님이 입에 넣어 주신 말씀을 증거하는 사람이다. 군중이 듣고 싶어 하는 메시지를 하나님의 말씀이라고 전하는 이들은 거짓 선지자들이다. 세계관을 성경으로 포장해서 전하는 일이 일어나지 않도록 언제나 개인 경건에 유념해야 한다.

설교는 짜내는 것이 아니라 흘러넘치는 것이다. 좋은 설교란, 훌륭한 아이템이나 예화를 짜내는 것이 아니라, 하나님이 부어 주시는 은혜가 흘러넘치는 것이다. 영성이란 결국 하나님과 연결되는 것이다. 포도나무 가지가 포도나무에 연결되어야 신선한 잎새가 나오고 꽃이 피며 열매를 맺듯이, 메시지를 전하는 메신저는 하나님과 충분히 연결되어야 한다. 그래야 매일 새롭게 하시는 하나님의 창조적인 생기를 청중에게 흘려보

낼 수 있다.

메타버스 교회학교는 거룩한 필터 역할을 해야 한다. 교사와 설교자들도 일상에서 다양한 매체를 접하고 세상 가치관과 충돌한다. 쉴 틈 없이 쏟아지는 그릇된 가치관에 장악되거나 메신저의 정서가 오염되면, 그들이 전하는 메시지도 학생들에게 무익하다. 모든 오염을 제거할 수 있는 유일한 세척제는 하나님의 은혜다. 메타버스 교회학교에 참여하는 모든 이가 하나님의 은혜로 충만히 채워져야 온전한 결과가 나온다.

40) 삶의 예배자로 살라

예수님의 말씀이 강력한 이유는, 예수님이 말씀을 효과적으로 전하셨기 때문이다. 설교의 교과서라고 할 만큼 예수님은 완벽한 설교를 하셨다. 예수님 시대에는 탁월한 성경 교사가 많았다. 그들은 메시아가 어디에서 탄생할 것인가에 대해서도 즉시 대답할 수 있었다. 그럼에도 많은 성경 교사의 가르침보다 예수님의 가르침이 더 많은 사람의 인생을 바꾸었다. 예수님은 로마는커녕 소아시아에도 가신 일이 없지만, 세상을 바꾸셨다. 예수님의 메시지가 다른 이들의 가르침과 근본적으로 달랐던 이유는 예수님의 말씀에 성령님이 함께하셨기 때문이며, 그 말씀대로 사셨기 때문이다.

예수님은 일흔 번씩 일곱 번이라도 용서하라고 말씀하셨고, 자기를 배신한 베드로를 용서하셨다. 예수님을 세 번 부인한 베드로를 용서하셨고, 부활하신 예수님을 만나고도 고기를 잡으러 간 베드로를 다시 용서하시며 새롭게 사명을 맡기셨다. 예수님은 같이 십자가에 달린 강도를 용서하셨고, 심지어 자기를 찌른 군인들을 용서하셨다.

예수님은 섬기라고 말씀하시고, 철저한 섬김의 삶을 사셨다. 예수님은 죽은 자도 살리는 기적을 행하시며, 물을 포도주로 만드시고 오병이어의 기적을 행하시는 하나님의 아들이다. 그러나 예수님은 단 한번도 그러한 능력을 예수님 자신을 위해 사용하시지 않았다. 예수님은 놀라운 능력을 약한 자와 병든 자들을 위해 아낌없이 사용하셨다. 심지어 예수님은 만왕의 왕이라는 권세를 갖고서도 제자들의 발을 씻기셨다. 그들은 예수님이 십자가를 앞둔 그 순간에도 누가 더 높은가를 다투던 한심한 제자들이었다. 예수님은 수건을 허리에 동이고 그러한 제자들의 발을 씻겨 주셨다.

예수님은 기도하라고 말씀하시고, 기도의 모범을 보여 주셨다. 예수님은 밤이 새도록 기도하셨으며(눅 6:12), 또 새벽이 밝기 전에 기도하셨다(막 1:35). 지상에서의 마지막 날 밤에는 겟세마네 동산에서 간절히 기도하셨다.

이처럼 예수님은 자신이 증거하신 말씀대로 사셨다. 예수님의 가르침은 말씀과 삶이 분리되는 이원론적인 것이 아니었다. 그리하여 그분의 말씀은 사람들에게 거룩한 영향을 미쳤다.

머리에서 나온 말은 듣는 사람들의 머리를 채운다. 가슴에서 나오는 말은 청중에게 감동을 준다. 실천하는 손과 발에서 나오는 말이 사람들을 움직이게 한다. 설교와 여러 메시지를 효과적으로 전하는 것이 메타버스 교회학교의 전부가 아니다. 학생들이 즐거워하고 교사들도 만족스럽고, 조회 수와 인증 사진이 증가하는 것에 안주해서는 안 된다. 설교자와 메시지를 전한 사람은 한 주간을 그 말씀과 메시지대로 살아야 한다.

말씀을 전하고 그 말씀대로 충실하게 살아가는 사람이 준비한 그 다음 주의 말씀에는 강력함이 배가된다. 설교를 강하게 하는 가장 확실한 방법은 설교 비법을 훈련하는 것이 아니라, 자신이 전한 설교대로 사는 것이다.

메타버스 교회교육 영역별 분류표

영역	가 상 현 실	증 강 현 실	라 이 프 로 깅	거 울 세 계
대표 문화	· 트론 · 써로게이트 · 매트릭스 · 레디 플레이어 원	· 금지된 행성 · 웨스트 월드 · 토탈리콜 · 알함브라 궁전의 추억	· 트루먼 쇼 · 유튜브 · 페이스북 · 인스타그램 · 틱톡	· 13층 · 아이로봇 · 배달의 민족 · 에어비앤비
의미	가상공간 접속 후 가상세계 활동 (각자의 아바타로 활동)	현실 + 가상의 결합 (상호간의 영향력)	SNS를 활용한 소통 과 교제	효율적인 현실 지원, 온라인 거래
일반 사회	· 동물의 숲 · 제페토 · 포트나이트(BTS 공연) · 가상 대학교(신입생 환 영회, 졸업식)	· 포켓몬 고 게임 · 스노, 소다, B612(카메 라 어플) · "너를 만났다"(MBC 가 상현실 휴먼 다큐멘터리)	· 페이스북(텍스트 중 심+사진) · 인스타그램(이미지 중심) · 틱톡(동영상 중심)	· 배달 전문 식당 · 온라인 쇼핑 · 자율 주행 자동차 · 마인 크래프트
교회 적용	· 영상통화 심방 · 온라인 예배 · 줌일학교, 점퍼모임 · 온라인 여름성경학교 · 온라인 연합 캠프 · 비전 토크 개학 부흥회 · 온라인 송구영신 파티	· 성경 지리 실시간 탐방 · 프로그램 중 채팅 · QR 코드 방 탈출 게임 · 랜선 성지 순례 · 온라인 송구영신 예배 · 꽃주일 액자 만들기 · 전자 칠판 – 메시지 소통	· 교회 홈페이지 · 교회 밴드 · 큐티 방 · 일상 속 십자가 찾기 · 페이스북 페이지 · 고난주간 브이로그	· 드라이브스루 애찬식 · 온라인 상품권 시상 · 랜덤 상품권 증정 · 기프티콘 선물 · 이모티콘 선물 · 생존 심방
융합 적용	이 네 영역을 복합적으로 활용하면 더 효과적인 사역이 가능해진다.			

• 에필로그 •

눈에 보이지 않는 디지털 온라인 세계에 발을 디디고 살아가는 우리는 현실과 무관하기는커녕 도리어 더욱 긴밀해지는 시대를 살고 있다. 이 세상에서 우리가 성실하게 신앙생활을 하며 성경적 세계관의 통치를 받으며 살듯이, 디지털 온라인 세계도 하나님의 통치 원리가 작동되게 하는 것이 우리의 사명이다.

과학과 문명의 발달로 온라인과 오프라인이 더욱 긴밀해져 가는 메타버스의 시대가 더욱 강화되고 있다. 이러한 상황에서 메타버스 교회학교를 잘 준비하고 운영하는 것은 새로운 시대의 소명이다. 메타버스 시대에 현실 세계에서만 신앙생활을 제대로 하고, 온라인 세계는 무정부 상태로 방치하는 것은 건강한 신앙이 아니다. 세상의 많은 기준이 온라인으로 급속히 변모해 가는 메타버스 시대에 교회와 교회학교는 겨우 모방만 하는 '카피캣'이 아니라, 도리어 새로운 모델을 창조해 내는 '패스파인더'(Path-Finder)로서의 사명을 감당해야 한다.

코로나19의 습격

코로나19의 느닷없는 습격은 교회와 주일학교에도 치명적 일격을 날렸다. 성도들과 학생들이 교회당에 올 수 없는 상황이 되면서 심각한 혼돈을 겪었다. 특히 이러한 상황을 처음으로 맞닥뜨리는 목회자와 교사들은 더욱 혼란에 빠지게 되었다. 교회교육은 현장에서 아이들을 직접 만나도 힘든데, 온라인으로 사역하면서 더욱 어려워졌다.

목회자와 교사들은 온라인 소통법이 익숙하지 못했기에 온라인 사역에 적응하기가 쉽지 않았다. 온라인으로 학생들과 만나기는 하지만, 학생들이 자기 모습을 차단한 모니터를 보는 것은 마치 방탄유리 앞에 선 심정과 같았다. 이전에는 학생들의 얼굴을 보면서 그들의 감정을 희미하게나마 읽을 수 있었지만 이제 그것마저 완전히 차단되니, 교사의 직무를 수행해 나가기가 힘들었다. 실제로 부산의 한 교회에서 중고등부 교사 18명 중 15명이 2020년이 끝나면서 교사직을 내려놓았을 정도로 교육 여건은 어렵게 흐르고 있다.

교회가 답이다

이러한 상황에서 교회의 진정한 의미를 기억해야 한다. 교회는 정규적으로 모일 수 있는 상황과 환경이 보장되어야만 움직이는 공동체가 아니다. 빛 되신 그리스도를 따르는 백성이 성도이기에, 성도는 그들이 살아가는 삶의 자리에서 빛의 역할을 해야 한다. 그것이 이 세상의 빛으로 살아가는 그리스도인의 합당한 모습이다.

초대교회 시절에 혹독한 전염병이 창궐했다. 거리에는 사체들이 즐비했고, 가족도 그들을 방치했다. 그때 그리스도인들은 시신을 수습해 장례를 치르고 사람들이 내켜하지 않는 일들을 했다. 그러한 일이 지속되자 그리스도인에 대한 악의적 소문은 점차 사라지고 마침내 그리스도인들은 거룩한 영향력을 행사하게 되었다.

한국의 주일학교

한국 교회에서 만개했던 주일학교 운동은 안타깝게도 점점 시들어 갔다. 최근 각 교회 주일학교는 어린이가 없어 문을 닫고 있다. 1990년대까지 300~500명이 출석하던 교회들도 지금은 50~60명 선을 겨우 유지할 뿐이다. 대한예수교장로회(고신) 총회교육원은 2006년부터 2015년까지 고신 교회 주일학교 인원이 약 30% 감소했다고 분석했다. 이는 저출산 문제와도 직결되지만, 시대 변화에 교회가 제대로 적응하지 못한 결과라고 보아야 할 것이다. 1980년대만 하더라도 교회의 교육 상황은 공교육보다 기자재와 교보재의 면에서 앞서 나갔다. 당시 공교육은 단순한 암기 위주의 교육을 한 교실에 70명이 넘는 학생들에게 주입식으로 강요했다. 반면 교회교육은 융판식 교보재를 활용한 공과 공부, OHP를 활용한 찬양, 자체 제작한 인형극 등으로 일반 공교육을 압도했다.

1990년대 들어서면서 공교육이 교육 공학을 도입하자, 교육의 지형은 급속히 변화되었다. 교육선진화의 기치에 맞추어 교육 여건은 획기적으로 변화되었으며, 입시 위주의 교육이 공고화되고, 사교육의 급속한 발달로 인해 학생들이 교회에 머물 시간이 줄어들었다.

또한, 1990년대 중반부터 인터넷을 기반으로 하는 세속 문화의 획기적인 발달에 학생들이 중독적으로 빠져들면서 교회교육은 직격탄을 맞았다.

하지만 교회가 힘을 잃어 가는 이유는 이러한 요인들보다 교회가 시대적 사명을 잃었기 때문이 아닐까? 교회는 어느 상황, 어느 시대에건 그 시대의 사명을 포착하고 감당해야 한다. 그럴 때 강력한 대적을 이기고 큰 영향력을 행사했다. 복음이 처음 한국에 들어왔을 때, 사회는 복음에 우호적이지 않았다. 그럼에도 교회는 사명을 감당하여 그 모든 적대적인 상황을 제압하고 거룩한 영향력을 끼쳤다. 하지만 교회가 사회에서 빛과 소금으로서의 역할을 인식하지 못하면 결국 힘을 잃어버리게 된다. 수많은 교회사의 사례가 이를 증명한다.

길을 아는 것과 길을 걷는 것은 다르다

메타버스 시대가 급속히 확산되는 현재 상황에서도 교회가 시대의 해답이 되는 것은 불변의 진리다. 팬데믹으로 인한 위기 상황에서 교회학교가 다음세대를 살려야 한다는 것은 그 누구도 부인할 수 없다. 그런데 이는 캠페인이나 구호로 그쳐서는 안 된다. 길을 아는 것과 길을 가는 것은 완전히 다르다. 길을 알고 있다고 목적지에 도달하는 것이 아니다. 길을 걷기 시작해야 목적지에 도달할 수 있다.

코로나19로 인해 일상이 멈추어 버린 지금, 상황이 개선되기만을 막연히 기다려서는 안 된다. 막대한 지원이 있어야만 온라인 사역이 가능하다는 사고방식에서도 탈피해야 한다. 전례가 없는 일이라고 방관해서도 안 된다. 전례가 없으면 전례를 만들면 된다. 우리 하나님은 창조의 하나님이시다. 그 어떤 것도 존재하지 않던 세계에서 완벽한 천지를 창조하신 하나님이시다. 하나님은 길이 없는 곳에 길을 내시며, 물이 없는 사막에서 강을 내시는 하나님이시다.

"보라 내가 새 일을 행하리니 이제 나타낼 것이라 너희가 그것을 알지 못하겠느냐 반드시 내가 광야에 길을 사막에 강을 내리니"(사 43:19).

이러한 창조의 하나님은 팬데믹 상황에서도 여전히 살아 계신 하나님이시며, 통치하시는 하나님이시다. 하나님은 이 상황을 무기력하게 방관하지 않고, 지금도 여호와의 열심으로 일하신다. 그러한 하나님을 신뢰하는 하나님의 백성은 하나님이 일하시듯, 지금의 상황에서 최선을 다해야 한다.

"예수께서 그들에게 이르시되 내 아버지께서 이제까지 일하시니 나도 일한다 하시매"(요 5:17).

일상이 멈추고 기존의 패러다임이 무너지는 지금, 움츠린 채 아무것도 하지 않는다면 결국 도태될 수밖에 없다. 하지만 차근차근 시도하면 다양한 시행착오에서 오는 실수를 줄이고, 더욱 효과적인 매뉴얼을 개발할 수 있다. 이 책은 그러한 과정 중에 있는 모든 분에게 도움을 주려는 하나의 움직임이다. 이 책에서 소개된 것들이 완전한 기준은 아니다. 교회마다 상황이 다르고 환경의 차이가 있기에, 각자의 형편에 알맞은 형태로 변형하여 적용할 필요가 있다. 그러한 일들이 가능하도록 이 책에서 생각의 실마리를 드리고 싶다.

길을 만드는 메타버스 교회학교

교회는 언제나 아무도 가보지 않은 길을 걸어왔다. 비인간적이고 그릇된 가치관이 지배할 때 새로운 가치관의 질서를 세웠다. 왕과 특권층만 인간 대우를 받던 시대에 시내 산 언약을 통해 고아와 과부, 나그네들마저 보호받는 시스템을 만들었다. 노예 제도가 당연시되던 시대에 희년의 놀라운 제도를 세웠다. 실수로 죄를 지은 이들도 가차 없이 처벌하던 시대에 도피성이라는 보호 장치를 만들었다. 로마 제국이 통치하면서 힘이 최고의 가치이던 시대에 헌신과 섬김을 추구하는 놀라운 질서를 만들었다.

하나의 질서가 붕괴되고 새로운 질서가 세워지기까지의 과정에서는 혼란과 갈등이 필수적이다. 팬데믹으로 기존의 가치관과 생활 양식이 급속히 변하고 있다. 신앙생활의 영역에도 큰 변화가 일어나고 있다. 이러한 상황을 선도적으로 인도하는 교회가 앞으로의 시대에 살아남고, 거룩한 영향력을 미치게 될 것이다.

미래학자인 앨빈 토플러는 『부의 미래』(청림출판, 2006)에서 세상의 여러 주체를 변화 속도에 비유했다.

"기업이 가장 빠른 시속 100마일로 달리고 있다. 바로 뒤에는 시민 단체가 90마일로 질주한다. 노동조합이 30마일, 정부 기관이 25마일, 더 느리게 움직이는 조직으로는 학교가 10마일, 국제기구는 5마일, 정치 조직은 3마일,

법 조직은 고작 1마일로 달리고 있다."

법이 시대와 사회의 변화를 쫓아가지 못해 신종 범죄에 많은 피해자가 속출하기도 한다. 교회는 변화하는 시대의 지침을 정확하게 분석하고 그에 맞는 명확한 성경적 기준의 규범을 제시해야 한다.

급속도로 일상화되는 메타버스 시대에 유용한 교회학교를 세우는 일은, 이 시대의 모든 그리스도인에게 주어진 거룩하고도 위대한 사명이다. 하나님은 혼돈의 하나님이 아니라 질서의 하나님이시다. 하나님은 왜곡된 가치관들을 새롭게 하시는 하나님이시다.

인간의 범죄는 아날로그 공간만이 아니라 디지털 공간에서도 일어난다. 디지털이라는 특성상 인간의 범죄는 더욱 잔인하고 그 타격은 무한대가 된다. 2020년 3월에 드러난 N번방 사건은 디지털 세상에서 범죄가 얼마나 치밀하고 잔인하게 일어나고 있는가를 보여 주었다. 이러한 디지털 공간에도 복음의 역사는 필요하며, 하나님의 진리에 기초한 올바른 질서가 세워져야 한다. 이는 하나님에 의해 창조된 인간이 감당해야 할 문화명령이다.

어디에나 계시는 하나님

우리가 항상 기억해야 할 것은 교회당만 하나님 나라가 아니라는 사실이다.

"아람 왕의 신하들이 왕께 아뢰되 그들의 신은 산의 신이므로 그들이 우리보다 강하였거니와 우리가 만일 평지에서 그들과 싸우면 반드시 그들보다 강할지라"(왕상 20:23).

아람 나라의 신하들이 왕에게 이렇게 말한다. 그 당시 사람들은 각 신은 저마다의 주거지가 있다고 생각했다. 강의 신은 강에서만 힘이 있고, 사막의 신은 사막에서는 영향이 있지만 그들의 주 무대를 떠나면 힘을 잃어버린다. 이스라엘은 호렙 산과 시내 산에서 하나님을 만났다고 하니, 이스라엘의 하나님은 산과 골짜기의 신이라 여겼다. 하지만 하나님은 모든 곳에 거하신다.

하나님은 주일에 교회당에만 계시고, 교실과 학원, 집은 나만의 공간이라는 생각은 올바른 생각이 아니다. 하나님은 그 어떤 장소에도 임재하신다. 이는 이 세상 그 어디에도, 즉 디지털 공간에도 하나님이 거하신다는 것을 의미한다. 우리 눈에 보이는 아날로그 세상뿐만 아니라 디지털 지구로 불리는 가상의 공간, 온라인 공간에서도 하나님은 여전히 다스리신다.

메타버스의 하나님, 메타버스 교회학교의 하나님

하나님의 생명의 말씀은 팬데믹 상황에도 여전히 증거되어야 한다. 오히려 코로나 블루를 호소하는 시대에 복음은 더욱 강력하게 증거되어야 한다. 영광된 생명의 복음은 주일의 특정 시간에 교회당에서만 통용되어서는 안 된다. 모든 삶의 자리에서 증거되어야 한다. 이러한 일이 메타버스 교회학교를 통해 진행되고 있다.

예루살렘 교회의 핍박이 땅 끝으로 복음이 전해지는 시작이 되었고,

바울의 아시아 선교 중단이 새로운 교회사를 열었다. 팬데믹 사건을 계기로 메타버스 교회학교가 시작되었다고 볼 수 있다.

새로운 패러다임이 세워지는 지금, 하나님의 일하심이 어디를 향하는지 민감하게 반응하며 교회로서, 교회학교로서, 그리스도인으로서 감당해야 할 사명에 악하고 게으른 종이 아니라, 착하고 충성된 종으로 메타버스 교회학교가 사용되기를 축복한다.

지금까지는 교회 버스를 타고 교회에 갔지만 이제부터는 메타버스를 타고 교회에 간다. 그 교회는 시공간을 초월한다. 우리는 아날로그 지구의 땅 끝까지 가야 하지만, 온라인 지구의 땅 끝까지도 가야 한다. 그 길은 우리가 홀로 가야 하는 외로운 길이 아니다. 하나님이 주신 사명에 충실한 청지기들이 가는 모든 곳에 주님이 동행하신다.

"내가 너희에게 분부한 모든 것을 가르쳐 지키게 하라 볼지어다 내가 세상 끝날까지 너희와 항상 함께 있으리라 하시니라"(마 28:20).

이 책을 읽는 모든 목회자와 사역자와 교사들과 성도의 교회와 가정이 메타버스 교회학교로 변화되기를 축복한다. 그러한 메타버스 교회학교에서 자라는 우리 자녀와 학생들이 메타버스 시대를 하나님의 영광이 넘치는 영광의 시대로 변혁해 가기를 진심으로 축복한다.

이 일들을 통해 주님만 홀로 영광을 받으소서.

찬미 예수!

1. 『메타버스』, 김상균(플랜비디자인, 2020), p. 11.

2. 『디지털 바벨론 시대의 그리스도인』, 데이비드 키네먼, 마크 매틀록(생명의말씀사, 2020), pp. 22~30.

3. 『메타버스』, 김상균(플랜비디자인, 2020), p. 23.

4. 방탄소년단의 팬클럽 이름이다.

5. "방구석에서 방탄소년단을 만나는 콘서트"를 줄인 말이다.

6. 『메타버스』, 김상균(플랜비디자인, 2020), p. 94.

7. 『포노 사피엔스』, 최재붕(쌤앤파커스, 2019), p. 6.

8. 『코로나 이후, 교회교육을 디자인하다』, 권순웅 외(들음과봄, 2020), p. 61.

9. 같은 책, p. 60.

10. 『스마트폰, 일상이 예배가 되다』, 토니 라인키(CH북스, 2020), p. 186.

11. 『원 포인트 통합교육』, 주경훈(두란노, 2017), p. 97.

12. 『코로나 사피엔스』, 최재천 외(인플루엔셜, 2020), p. 20.

13. 『온라인 사역을 부탁해』, 케빈 리(두란노, 2021), p. 143.

14. 『원 포인트 통합교육』, 주경훈(두란노, 2017), p. 120.

15. 『온라인 라이브 클래스』, 정강욱, 이연임(리얼러닝, 2020), p. 263.

16. 『이미 와 있는 미래』, 크레이크 맥클레인(서런, 2019), p. 9.

17. 『스마트폰, 일상이 예배가 되다』, 토니 라인키(CH북스, 2020), p. 47.

18. 향기나무 교육개발원(https://sweet-tree.org/)

19. 『우리의 불행은 당연하지 않습니다』, 김누리(해냄, 2020), p. 47.

20. 『스마트폰, 일상이 예배가 되다』, 토니 라인키(CH북스, 2020), p. 13.

21. 『메타버스』, 김상균(플랜비디자인, 2020), p. 325.

22. 『언컨택트』, 김용섭(퍼블리온, 2020), p. 277.

23. 『코로나시대, 청소년 신앙 리포트』, 이현철 외(SFC출판부, 2021), p. 49.

24. 『원 포인트 통합교육』, 주경훈(두란노, 2017), p. 111.

25. 『언컨택트』, 김용섭(퍼블리온, 2020), p. 103.

26. 『온택트, 어떻게 가르칠 것인가?』, 이수진(비비투, 2020), p. 58.

27. 『코로나 이후, 교회교육을 디자인하다』, 권순웅 외(들음과봄, 2020), p. 8.

28. 『생각의 기쁨』, 유병욱(북하우스, 2017), pp. 40~42.

29. 『코로나 이후, 교회교육을 디자인하다』, 권순웅 외(들음과봄, 2020), p. 177.

30. 『온라인 사역을 부탁해』, 케빈 리(두란노, 2021), p. 63.

31. 『디지털 시대의 미디어 리터러시』, 김양은(커뮤니케이션북스, 2009), p. 117.

32. 『미래 교육을 멘토링하다』, 김지영(소울하우스, 2020), p. 139.

33. 『나는 농담으로 과학을 말한다』, 오후(웨일북, 2019), p. 5.

34. 『디지털 시대의 미디어 리터러시』, 김양은(커뮤니케이션북스, 2009), p.

290.

35. 『가르치지 말고 경험하게 하라』, 김지영(플랜비디자인, 2019), p. 76.

36. 『다섯 가지 미래 교육 코드』, 김지영(소울하우스, 2017), p. 195.

37. 『시그니처』, 이항심(다산북스, 2020), p. 9.

38. 『에디톨로지』, 김정운(21세기북스, 2018), p. 7.

39. 『이미 와 있는 미래』, 크레이크 맥클레인(서린, 2019), p. 19.

40. 『온라인 라이브 클래스』, 정강욱, 이연임(리얼러닝, 2020), p. 23.

41. 『다섯 가지 미래 교육 코드』, 김지영(소울하우스, 2017), p. 67.

42. 『나는 농담으로 과학을 말한다』, 오후(웨일북, 2019), p. 5.

43. 『다섯 가지 미래 교육 코드』, 김지영(소울하우스, 2017), p. 32.

44. 『원 포인트 통합교육』, 주경훈(두란노, 2017), p. 65.

45. 『재미의 본질』, 김선진(경성대학교출판부, 2018), pp. 155~173.

46. 『게임 인류』, 김상균(몽스북, 2021), p. 41.

47. 같은 책, p. 187.

48. 『코로나 키즈가 온다』, 유종민(타래, 2020), p. 36.

49. 『미래 교육을 멘토링하다』, 김지영(소울하우스, 2020), p. 131.

50. 『코로나시대, 청소년 신앙 리포트』, 이현철 외(SFC출판부, 2021), p. 24.

51. 『김미경의 리부트』, 김미경(웅진지식하우스, 2020), p. 218.

52. 『이미 와 있는 미래』, 크레이크 맥클레인(서린, 2019), p. 93.

53. 『김미경의 리부트』, 김미경(웅진지식하우스, 2020), p. 112.

메타버스 교회학교

초판 1쇄 발행일 2021년 7월 8일
초판 5쇄 발행일 2022년 1월 15일

지은이 김현철, 조민철
발행인 김은호
발행처 도서출판 꿈미
등록 제2014-000035호(2014년 7월 18일)
주소 서울시 강동구 양재대로81길 39, 202호
전화 02-6413-4896
팩스 02-470-1397
홈페이지 http://www.coommi.org
쇼핑몰 http://www.coommimall.com

ISBN 979-11-90862-40-0 03230

도서출판 꿈미는 가정과 교회가 연합하여 다음 세대를 일으키는 대안적 크리스천 교육기관인 사단법인 꿈이 있는 미래의 사역을 돕기 위해 월간지와 교재, 각종 도서를 출간합니다.